Dein Geschenk heißt Jesus

Jesus Christus ist der wichtigste Anhaltspunkt in der Bibel. Alle biblische Weisheit geht von Ihm aus, zu Ihm kehren alle Überlegungen der Worte Gottes zurück. Jesus, dem Vertrauten aller Christen, möchte dieses Buch die Ihm zustehende Aufmerksamkeit bekunden, um dem Leser dieses Geschenk Gottes tiefgründiger darzustellen. Begleiten Sie den Autor auf der Suche nach wahrem Glück, um das imposante Geschenk Gottes aus der Perspektive der Bibel zu entdecken. Gott hält auch für Sie dieses Geschenk bereit, wenn Sie Jesus Christus hingebungsvoll aufsuchen!

Die Bibelstellen sind der Elberfelder Übersetzung aus dem Grundtext Edition CSV Hückeswagen, 3.Auflage 2009, entnommen

Patrick Rompf

Dein Geschenk heißt Jesus

Bibliografische Information der Deutschen Nationalbibliothek:
Die Deutsche Nationalbibliothek verzeichnet diese Publikation in der Deutschen Nationalbibliografie; detaillierte bibliografische Daten sind im Internet über http://dnb.dnb.de abrufbar.

© 2013 Patrick Rompf

Herstellung und Verlag: BoD – Books on Demand, Norderstedt

ISBN: 978-3-7322-8286-9

INHALT

Vorwort   7

Der Lebensweg   9

Ein Ziel, ein Wille – eine Lösung durch Jesus   13

Die Veränderung und Errettung durch Jesus
Teil I – Eine Erklärung des Alten Testaments   17

Die Veränderung und Errettung durch Jesus
Teil II – Eine Erklärung des Neuen Testaments   31

Das Bibellesen   35

Das Gebet   39

Bin auch ich in die Obhut Jesu Christi
aufgenommen?   43

Auch Christen müssen leiden	59
Die Freude im Leid	68
Jesus gibt uns Mut	74
Jesus Christus – Der Anbeginn und die bleibende Hoffnung ewigen Lebens	92
Jesus Christus – Unser Retter durch die Gnade Gottes an uns Menschen	113
Der tief gefestigte Glaube der Apostel	126
Zum Abschluss ein Psalm von David	156
Schlusswort	157
Gedicht	159

Vorwort

„Kann es wirklich möglich sein, dass *ich* eine Chance erhalten sollte, in meinem Leben einen standfesten Grund zu entdecken?"

So oder ähnlich könnten Ihre Fragen gestellt werden. Nahezu Dreiviertel der deutschen Bevölkerung gibt an, mit dem Leben unzufrieden zu sein. Seit Menschengedenken ist es der wohl größte Wunsch eines jeden unter uns, glücklich zu sein, dem „Ich" und dem dazugehörenden Leben einen Sinn zu geben. Doch leider liegt dieses angestrebte Ziel für viele Menschen in einer scheinbar unerreichbaren Ferne, in einer Art Utopie, die aus eigener Kraft wohl kaum überwunden werden kann.

„Also bleibt alles beim Alten", denkt man - und lebt das Leben in altgewohnter Manier weiter. Doch ohne den Willen einer Veränderung kann und wird sich dieses monotone Lebensmotto nicht verändern, geschweige denn verbessern. „Wie sollte sich in meinem Leben eine „Glückssträhne" entwickeln, wenn doch jeder nur sich selbst achtet und den anderen nicht? Wenn ich keinerlei Ansehen besitze, so kann ich in dieser Welt auch nicht verändert oder gar geliebt werden, denn ich fühle mich nutzlos! In meinem Leben entdecke ich keinerlei Sinn!"

Doch schon vor dem Beginn der Welt an hat Gott einen Retter für uns geschaffen. Er ist vom Allmächtigen unter die Menschheit gesandt worden, um uns nicht nur eine „Glücksträhne" zu schenken, sondern unbeschwertes, ja sinnvolles Leben in *jeder* Perspektive - im Hier und Jetzt und für die Ewigkeit. Er schenkt uns Liebe, Vertrauen, Hoffnung und den alles entscheidenden Grund unserer Existenz, denn dieser beruht einzig und allein auf Jesus Christus.

Dieses Buch möchte eine kleine Hilfe leisten, diesen Erretter detaillierter kennenzulernen. Das Buch Gottes, die Bibel, schenkt uns mit ihrer von Gott gegebenen Weisheit die Ausgangsbasis zu diesem Vorhaben. Ich möchte Sie einladen, den Retter der Welt, Jesus Christus, als die Basis Ihres Lebens zu betrachten, auf der Sie Ihr Leben völlig beruhigt neu aufbauen können. Es ist niemals zu spät, diesen wichtigen Schritt zu begehen, falls sie ihn nicht schon verwirklicht haben. Lassen auch Sie sich erquicken an Seiner nie endenden Liebe - *der* Veränderung eines Daseins, welches mit Sicherheit lebenswert und mit unvergleichbarer Hoffnung gekürt ist.

Möchten nicht auch Sie eintauchen in eine Liebe, die nur Gott der Vater, der Sohn Jesus Christus und der Heilige Geist Ihnen für Ihr tägliches Leben schenken können, wenn Sie von Herzen diese Veränderung bei Gott und Jesus Christus suchen?

Begleiten Sie mich auf der Suche nach dem wahren Glück!

Der Lebensweg

Wir alle sind gezwungen, den Weg des Lebens zu begehen. Er beginnt mit dem Heranwachsen im Mutterleib, die Geburt haucht uns mit dem ersten Atemzug das Leben ein, mit dem Tod endet unser irdisches Dasein. Objektiv betrachtet aber hat das Leben keinen Wert, an und für sich ist es nutzlos. Wir müssen einen Sinn in unserem Leben entdecken, um unsere Existenz wertvoll und sinngemäß zu gestalten. Wichtig hingegen ist, was uns das Leben letztendlich bringt. Nicht, dass wir auf der Welt sind, um zu leben, ist von Priorität gekrönt, sondern *wie* man lebt und sein Leben gestaltet hat den Vorrang, mit seiner Existenz sinnvoll umzugehen. Dies ist der ausschlaggebende Punkt der Lebensgestaltung: *Unser Dasein auf eine lebensfrohe Bahn zu lenken.*

Leider misslingt uns diese Zielsetzung allzu oft. Niemand unter uns vermag dieses Vorhaben „locker aus dem Ärmel zu schütteln", darum wird auch keiner unter uns leicht mit seinem Leben - geschweige mit dem Herannahen des Todes - fertig, um diesen Vorsatz auf eine hoffnungsvolle Bahn zu lenken. Diese Aufgabe ist nicht einfach hinzunehmen, sondern muss genauer überdacht und von einem jeden unter uns ausgearbeitet werden - zu unserem eigenen Wohlergehen.

So begeben wir uns auf die Suche nach Lebensqualität; diese sollte uns die Existenz versüßen. Leider werden wir früher oder später erkennen müssen, dass wir oftmals dieses von uns beabsichtigte Niveau weder erstreben, noch erkaufen können. Für Geld können wir uns materiellen Wohlstand aneignen, die Frage ist nur, ob wir mit dieser Absicht unser anvisiertes Wohlbefinden befriedigen. Auch hier werden wir früher oder später Folgendes wahrnehmen müssen:

Dieses Vorhaben lenkt unser Leben für eine *kurze Zeit in eine kleine Art von Genugtuung,* doch schenkt es unserem Leben nicht das von uns angestrebte Ziel. Frustration breitet sich nun in unserem Inneren aus, denn wir haben nicht das erreicht, was wir doch so dringend für notwendig hielten. Nun beginnt der Mensch an sich zu zweifeln, ob das Leben überhaupt noch Sinn macht. Unwillkürlich überfordert diese innere Belästigung den Suchenden, sie verlangt ein Opfer, die Empörung erreicht die körperliche Substanz, der Mensch wird unzufrieden. Je mehr wir versuchen, unser Leben zu gewinnen, desto mehr entrückt es uns. Nun sind wir auf einer Spur angelangt, die uns auffordert, über unseren eigenen Lebensweg nachzudenken, um ihn zu verändern.

Dieser von dringender Notwendigkeit zu hinterfragende Schritt kann unser Leben drastisch auf eine geradezu hoffnungsvolle und alles entscheidende Weise prägen. Nur muss der Mensch bereit sein, diesen mit einem *aus dem Herzen entstehenden Willen* zu begehen. Die Einsicht, die auf eine Veränderung im Leben dieses Betroffenen hinweist, ist der erste Schritt, der sich als *unentbehrlich auszeichnet,* um das Leben auf *wahre Lebensqualität* zu steuern.

Liebe, die wir in unserem Leben erhalten haben, kommt nicht aus uns selbst heraus, dieser Spender ist ein anderer. Diesen müssen wir kennenlernen, um zur Umkehr zu gelangen, denn wenn wir es wollen, wird Er unser Leben mit Seiner Übereinstimmung auf eine Bahn lenken, wo nicht mehr der Suchende der Lenker ist, sondern Er wird diese Aufgabe für uns übernehmen - *Jesus Christus.* Denn wer der Sohn hat, der hat das Leben.

Wer schuf den Menschen? Wer hat uns bereits vor dem Beginn der Welt geplant? Wer schenkt uns das Leben und will, dass wir zu Ihm finden, sodass wir das Leben nach Seinen

Richtlinien in ewiger Liebe und ohne Hoffnungslosigkeit beruhigt ausrichten können? Auf diese Fragen gibt es nur eine Antwort: Gott allein war es, der uns Menschen schuf. Er will, dass wir Ihn verherrlichen, um Leben im Überfluss genießen zu dürfen, wenn wir unser Leben nach Seinen Vorgaben anvisieren und auch ausüben. Es sind nicht nur einzelne Personen, die von Ihm aufgerufen werden zur Umkehr, sondern Gott will, dass *alle Menschen* diesen Weg begehen, um den Sinn Seiner Absicht in uns auf Ewigkeit leuchten zu lassen. Gott möchte uns mit diesem von Ihm gewollten Motiv glücklich machen. Ein Licht hat der Allmächtige Gott in die Welt gesandt, um uns an Ihm zu erquicken, denn ohne Seinen Sohn Jesus Christus können wir nichts tun *(siehe Johannesevangelium 15, Vers 6)*.

Jesus Christus allein kann uns aus dem Sog der Trostlosigkeit befreien. Gott, der Herr hat Seinem Sohn die Vollmacht dazu erteilt. Das fleischgewordene Wort Jesu hat seinen Ursprung von Gott erhalten *(siehe Johannesevangelium 1, Vers 14)*.

Im Evangelium des *Johannes 1, Vers 1* können wir Folgendes lesen:

Im Anfang war das Wort, und das Wort war bei Gott, und das Wort war Gott

Jesus allein besitzt dieses Zentrum der Liebe, wo wir erfahren können, wie sehr Gott die Menschen liebt. Wer außer Gott würde den eigenen Sohn opfern, damit alle, die an Seinen Sohn glauben, für immer errettet werden? Es lohnt sich, das eigene Leben dem Sohn bedingungslos zu schenken, denn Seine Liebe wird mit ihrer Tätigkeit niemals aufhören uns zu lieben, zu beschützen und zu ummanteln. Diese Liebe ist der Inbegriff von Ewigem Leben. Lassen Sie den Heiland vorangehen. Jesus hilft jedem, der sich zu Ihm hingezogen fühlt und Ihn bittet, das eigene, gescheiterte Dasein mit Seiner Liebe zu erfüllen.

Sein Name lässt uns wieder Mut im Leben auffassen. Er zerbricht die Ratlosigkeit, indem Er das Leben auf einem neuen, grundsoliden Fundament aufbaut, welches selbst schweren Stürmern widersteht.

Das gewaltsame Ende unseres Herrn am Kreuz von Golgatha hat Seine Liebe zu uns nicht aufgehalten, diese uns für die Ewigkeit zu übergeben; dies war der Wille Gottes. Auf Golgatha hat Jesus dem Tod die Macht genommen, sodass diejenigen, die an Ihn glauben in das Himmelreich - in das Ewige Leben einziehen können. Sein köstliches Blut ist einzig und allein für die Vergebung unserer Sünden *von Ihm für uns* vergossen worden.

Dies bedeutet, dass wir niemals vergeblich lieben, dass unser Leben nicht sinnlos dahingleitet, vielmehr aber, dass wir in Seiner Liebe den alles entscheidenden Sinn erkennen werden, denn dieser wird uns fortan an das Licht der Wahrheit führen, wenn wir die Worte der Bibel in unsere Herzen dankbar aufnehmen. Jesus wird uns dieses Geschenk nicht vorenthalten. Ausnahmslos hier ist der wahre Sinn und Grund des Lebens beheimatet.

Ein Ziel, ein Wille - eine Lösung durch Jesus

Wenn ein Mensch bereit ist, in seinem Leben eine Veränderung vorzunehmen, so ist der *notwendige Wille vorhanden,* um eine Lösung zur Besserung anzustreben. Dieser muss klar überdacht und *keineswegs halbherzig getätigt werden,* denn *mit Gleichgültigkeit* wird das Vorhaben mit großer Sicherheit kläglich *scheitern.*

Vergleichen wir diesen Willen einmal mit mehreren von uns ausgeübten Tätigkeiten in unserem Alltag anhand eines Beispiels:

Wenn wir mit einer Aufgabe konfrontiert werden, die uns widerspenstig erscheint, so behandeln wir diese auch als solche, was bedeutet, dass wir sie nur mit Murren und eher gleichgültig ausüben, ihr keinerlei aufmerksame Beachtung schenken und folglich nur halbherzig ausüben. Wenn wir hingegen unseren Hobbies nachgehen, so sind wir bestrebt, dieses Vorhaben mit Liebe und äußerster Sorgfalt zu tätigen, da ein Bestreben mit *Willen* von uns ausgeht - wir lieben diese Tätigkeit. Fehler oder gar Unaufmerksamkeiten versuchen wir tunlichst zu vermeiden.

Nur mit Liebe und einem aus dem Herzen entsprungenen Willen kann man eine Aufgabe erfolgreich tätigen. Um den Glauben in unser Leben zu rufen, *bedarf es persönlichem Verständnis, Vertrauen auf die Worte der Bibel und dem unbedingt erforderlichen* **Jawort zu Jesus.**

Diese erfrischende Quelle muss in unserem Inneren entspringen, um mit einem unmissverständlichen „Jawort" den Worten der Bibel zu begegnen.

Häufig sind bereits erlebte Enttäuschungen der Hauptfaktor, warum wir nur mit Widerwillen einem neuen Ziel entgegenstreben. In unserem Dasein wurde bereits jeder unter uns mit derartigen Konfrontationen belastet, völlig unabhängig welchen Ursprungs; der eine mehr - der andere weniger. Jedoch kränken den Menschen derartige Frustrationen. Man beginnt zu zweifeln und kann demzufolge sich nur sehr mühsam zu neuen Veränderungen durchringen. Die Frustration vor einer weiteren „Pleite", so scheint es, begleitet uns wie ein Schatten im Mondlicht.

Doch das muss nicht sein!

Wenn wir uns entscheiden, einen Weg zu Jesus Christus zu finden, dann werden wir nicht enttäuscht werden, sondern Freude und Zufriedenheit wird bei den Suchenden einkehren. Wir werden die Entdecker eines garantiert glücklichen und zufriedenen Lebens werden!
Das Wort Gottes, welches gerade den entkräfteten und hoffnungslosen Menschen anspricht, sucht und hilft dem Bedürftigen - es schenkt ihm neuem Lebensmut. Die Worte der Bibel sind keinesfalls nur in der Vergangenheit oder gar in der Zukunft zu begegnen, sondern diese sind zugegen - im Hier und Jetzt. *Das Wort Gottes ist anwesend, es ist vorhanden, es weilt mitten unter uns, sowie unser Heiland Jesus ständig unter uns wirkt.* Es war, ist und bleibt für immer und ewig aktuell. Wenn wir unserem Herrn unser Leben bedingungslos anvertrauen, so können wir endlich unbeschwerter leben. Dies jedoch geschieht nicht von jetzt auf gleich.

Seien Sie unbesorgt, sicher ist, dass derjenige, der sich zu Gott bekehrt, Stück für Stück Seine Zuneigung genießen wird. Die Bibel erteilt uns die Gewissheit, denn unser Heiland spricht:

Alles, was mir der Vater gibt, wird zu mir kommen, und wer zu mir kommt, den werde ich nicht hinausstoßen
(siehe Johannesevangelium 6, Vers 37)

Jesus gibt uns Freiheit in unserem Kerker, nur müssen wir die Tür unseres eigenen Verlieses einen Spalt öffnen und *mit klaren, aus dem Herzen entstehenden Worten der Buße bekennen, dass der Heiland in unser Herz einziehen soll.* Wir selbst haben uns in diesem Gefängnis eingeschlossen, weil wir uns geweigert haben, zum Erlöser der Welt *umzukehren*, um Ihn zu suchen und folglich zu finden. Wir selbst sind der Verursacher unsrer Missstimmung. Doch nun wird unsere Suche Früchte tragen, denn wir werden anhand der Person Jesu lernen. Wir werden Ihm schrittweise ähnlicher, weil wir von Seiner ausgehenden Liebe fasziniert sind und sie folglich annehmen. Schritt für Schritt wird uns der innere und äußere Frieden gegeben werden, den wir auch an unsere Gegenüber weiterleiten. Vertrauen wächst durch Erfahrung. Der Mensch hat das angestrebte Ziel gefunden - durch diese Bekehrung hat ein Machtwechsel stattgefunden:

Der Suchende hat Jesus als den Mittelpunkt seines Daseins erfolgreich eingesetzt. Man weicht als der „Machthaber" des eigenen Lebens, um es Jesus Christus zu übergeben.

Dies alles geschieht, weil wir von Gott und Jesus geliebt werden, *nicht* mit unserem Verdienst können wir uns rühmen. Dieser Verdienst liegt einzig und allein bei Gott, denn Er hat erkannt, *dass der Suchende Ihn finden will.* Die Gnade Gottes hat sich dem Suchenden erbarmt. Nun sieht man von Tag zu Tag das Wort Gottes klarer, eindeutiger und eindrucksvoller. Man beginnt in der Heiligen Schrift zu lesen, um noch mehr zu erfahren von diesem grandiosen Werk des Höchsten und freut sich, dass dieser unabdingbare Schritt von sich selbst ausgegangen ist. Gott hat uns Seine Hilfe in Form von Liebe und Barmherzigkeit zukommen lassen. Nun wird unser Wille davon geprägt sein, unter dem Wort Jesu Christi zu bleiben, denn aus uns will es hilfreiche und fröhliche Menschen formen. Das Wort des Herrn hat Einlass bei uns gefunden; es hat uns vereinnahmt. Unser Leben wird sich durch die Gnade Gottes positiv verändern.

Die Veränderung und Errettung durch Jesus

Teil I - Eine Erklärung des Alten Testaments

Das Heranwachsen an die Worte Gottes erfahren wir durch Sein Buch, die Bibel. Von Gott berufene Personen wurden mit dem Auftrag geehrt, die Worte des Herrn niederzuschreiben. Wie Sie bereits am Anfang dieses Buches ersehen konnten, entnehme ich die Bibelzitate aus der *Elberfelder Übersetzung. Am Anfang dieser Bibel wird ihr Sinn und Zweck erläutert. Einen kleinen Ausschnitt möchte ich jedoch gerne wortgetreu wie folgt übernehmen, weil ich diesen für überaus wichtig betrachte.

Lassen auch Sie sich inspirieren von diesen herrlichen Worten:

*„Die Botschaft der Bibel wendet sich *an die Herzen und Gewissen der Menschen.* Sie deckt die Sünde schonungslos auf. Sie zeigt den Menschen deutlich Ihren verlorenen Zustand - aber auch den Retter und Seine Gnade. Wer die Bibel mit aufrichtig suchendem Herzen liest, wird zur Umkehr geführt, zum Kreuz von Golgatha, zum Frieden mit Gott. Christus wird der Inhalt und das Ziel des neuen Lebens. *Immer wieder beweist die Bibel ihre Leben spendende Kraft als das Wort Gottes, das lebendig ist und in Ewigkeit bleibt".*

Die Bibel weist selbst im Alten Testament immer wieder auf den Erlöser, unseren Heiland Jesus Christus, *der wichtigsten* Persönlichkeit des Neuen Testaments hin. Beim Studieren der

Heiligen Schrift, insbesondere bei den *folgenden Textstellen des Alten Testaments können wir bereits von der Person Jesu sehr viel erfahren. Diese Botschaft kommt nicht von ungefähr, denn sie ist von Gott beabsichtigt und gewollt. Das Neue Testament wiederum bestätigt uns diese prophetischen Worte:

*

ALTES TESTAMENT		NEUES TESTAMENT
1.Mose 49,10 1.Chronik 5,2	Der Messias soll aus dem Stamm Juda kommen.	Lukas 2,4
1.Chronik 17,11-14 Jer. 23,5 / Jes. 11,1	Er soll ein direkter Nachkomme von David und dessen Vater Isai sein.	Lukas 1,26.27
Micha 5,1	Sein Geburtsort wird mit Bethlehem genau angegeben.	Lukas 2,4-7 Matthäus 2,1
1.Samuel 17,12	Auch König David stammte Bethlehem.	-

Der Stammbaum Jesu wird uns in Matth. 1,1-17 und Lukas 3,23-38 genau angegeben. Dabei fallen jedoch erhebliche Unterschiede auf: Bei Matthäus führt er von David über Salomo, bei Lukas dagegen über Nathan zu Jesus. Das kommt daher, daß einmal die Erbfolge Josephs und zum andern die Marias aufgezeichnet ist. Somit ist Jesus natürlicher (Maria), aber auch erbrechtlicher (Joseph) Nachkomme Davids.

| Jesaja 7,14 | Geboren von einer Jungfrau | Matthäus 1,18
Lukas 1,26.27 |

Psalm 2,7 / 2.Sam. 7,14 Jesaja 9,5 / Daniel 7,13	wird er Sohn Gottes genannt werden und gleichzeitig Gott und Mensch sein.	Lukas 1,34.35 Markus 1,11
Jesaja 53,4-6 Jesaja 53,11	*Der Grund seiner Sendung ist die Vergebung der Sünden.*	*Römer 4,25-5,1 Johannes 1,29*
Jesaja 35,5.6 Jesaja 29,18	Durch seinen Dienst werden Kranke gesund, Taube hörend, Blinde sehend und Lahme laufend	Joh. 9,1-7 / Mk. 6,53-56 Mt. 9,1-8 / Mk. 7,31-37
Psalm 109,2-5 / 118,10-13 Jesaja 8,14.15 / 49,7	Trotz der Wunder und seiner Liebe zu den Menschen wird er von ihnen verachtet und sogar gehaßt werden.	Johannes 8,37 / 10,31-39 Lukas 2,34 / 6,9-11
Sacharja 9,9	In Jerusalem zieht Jesus auf einem Esel sitzend ein.	Mt. 21,1-7 / Mk. 11,7 Lk. 19,35 / Joh. 12,14.15
Psalm 41,10 Sacharja 11,12.13	Judas, ein Jünger Jesu, verrät ihn für 30 Silberstücke. Dafür wird nach seinem Tod der Töpferacker gekauft.	Matthäus 27,3-10
Jesaja 53,5 Psalm 129,3	Der Messias wird gegeißelt (d.h. ausgepeitscht),	Johannes 19,1 Matthäus 27,26
Jesaja 50,6	verschmäht und angespuckt,	Matthäus 26,67 Matthäus 27,30
3.Mose 4,12.21 3.Mose 16,27	und außerhalb Jerusalems gekreuzigt werden.	Johannes 19,17 Hebräer 13,11.12

JESUS AM KREUZ		
Psalm 22,2	Verlassenheit am Kreuz,	Matthäus 27,46
Psalm 22,8	Spott und Kopfschütteln,	Matthäus 27,39
Psalm 22,9	Gott soll ihn retten,	Matthäus 27,43
Psalm 22,19	Kleider werden geteilt und verlost,	Matthäus 27,35
Psalm 22,16	Durst,	Johannes 19,28
Psalm 22,17	Hände und Füße durchgraben,	Johannes 19,18
Sacharja 12,10	er wird durchbohrt werden,	Johannes 19,37
Psalm 34,21	aber kein Knochen wird ihm gebrochen.	Johannes 19,36
Psalm 22,16	Der Messias stirbt,	Lukas 23,46
Jesaja 53,9	wird in das Grab eines Reichen gelegt	Matthäus 27,57
Hosea 6,2 Psalm 16,10	und am 3.Tag auferstehen.	Lukas 24,46 Matthäus 28,1-10

(* der Tabellenvergleich wurde entnommen aus www.weg-zum-Leben.de)

Betrachten wir nun einmal gemeinsam die Worte der Bibel im *1. Buch Mose 1, Vers 26 + 27;* dort können wir Folgendes lesen:

Und Gott sprach: Lasst uns Menschen machen in unserem Bild, nach unserem Gleichnis, und sie sollen herrschen über die Fische des Meeres und über die Vögel des Himmels und über das Vieh und über die ganze Erde und über alles Gewürm, das sich auf der Erde regt! Und Gott schuf den Menschen in seinem Bild, im Bild Gottes schuf er ihn, Mann und Frau schuf er sie

Wenn wir diese beiden Bibelstellen aufmerksam verfolgen, fällt uns auf, dass Gott in *Vers 26* Seine Dreifaltigkeit (Trinität) preisgibt, denn Er spricht:

*Lasst **uns** Menschen machen in unserem Bild*

Gott drückt mit dieser Formulierung aus, dass Seine Dreifaltigkeit (Gott selbst, der Sohn Jesus Christus und der Heilige Geist = *uns*) die Erschaffung des Menschen plante und vollführte. Es handelt sich um nur *einen* Gott, vom dem die Trinität ausgeht! Der Herr schuf den Menschen nach Seinem Bild. Der erschaffene Mensch ist anschaulich betrachtet Gott „ähnlich". So, wie Gott Dreifaltigkeit ist, so besitzt auch der von Ihm geschaffene Mensch Körper, Seele und Geist. Da Gott Geist ist, *(siehe Johannesevangelium 4, Vers 24)* ist die äußerliche Ähnlichkeit hier wohl nicht gemeint. Gott gibt den Menschen einen gewissen Freiraum, sich Seiner Schöpfung anzunehmen. Der Mensch soll über die Schöpfung Gottes (Land, Tiere und Pflanzen) herrschen und sie gebrauchen - jedoch *nicht misshandeln, sondern mit Bedacht behandeln.*

Wenden wir uns nunmehr an das für uns Menschen gnadenvollste Geschenk Gottes: Jesus Christus.

Als Gott der Herr Adam und Eva geschaffen hatte, kam zum ersten Mal die Sünde der Menschen zum Vorschein. Gott gebot dem Menschen, er dürfe von jedem Baum des Gartens nach Belieben essen, jedoch *nicht* vom Baum der Erkenntnis des Guten und Bösen. An dem Tag, da der Mensch von diesem Baum essen würde, müsse er sterben *(siehe 1.Mose 2, Vers 16 + 17)*. Doch Adam und Eva hörten nicht auf das Wort des Herrn, sondern auf die listige Schlange, (dies war der Satan selbst – *siehe Offenbarung 12, Vers 9)*, die Eva mit Arglist verführte. Und Adam und Eva aßen von der verbotenen Frucht. Die Sünde wurde „geboren". Sie ist in jedem Menschen beheimatet, denn kein Mensch ist ohne Sünde, da der menschliche Eigenwille gegenüber Gott von Mensch zu Mensch weitervererbt wird. Niemand unter uns kann sich von Sünde freisprechen. Da Gott allwissend ist und noch vor dem Beginn der Welt an alle zukünftigen Geschehnisse bereits kannte, handelte Er in ewiger Liebe zu uns und gab uns Sein größtes und wertvollstes Geschenk preis, indem Er zur listigen Schlange (Satan) sprach:

Und ich werde Feindschaft setzen zwischen dir und der Frau und zwischen deinem Samen und ihrem Samen; er wird dir den Kopf zermalmen, und du wirst ihm die Verse zermalmen
(siehe 1. Mose 3, Vers 15)

In dieser Bibelstelle spricht Gott bereits über die Verheißung des Messias, Seines geliebten Sohnes Jesus Christus, unserem Heil. Jesus wird die Sünde ein für alle Mal besiegen mit Seinem leiblichen Tod am Kreuz von Golgatha. Der Teufel hat keine Macht mehr über die Sünde, (*Er* = Jesus wird *dir* = dem Teufel den Kopf zermalmen) da Jesus die Sünde mit Seinem Leiden und dem Tod (die zermalmte Ferse) für diejenigen unter uns für alle Zeit vertilgte, die an Ihn von ganzem Herzen glauben.

Für Gott reichten die Opfergaben nicht aus, die das Volk dem Herrn übergab (siehe Altes Testament / z.B. im dritten Buch Mose), um der Menschheit den Eintritt in Sein Himmelreich zu gewährleisten. *Nur* das Blut des Heilands am Kreuz vertilgt all unsere Sünden, indem Jesus, der keine Sünde besaß, all diese von uns verursachten Übertretungen auf sich nahm, um den Gläubigen die Sünde für immer mit Seinem Tod zu vergeben. Doch ist der Heiland am dritten Tag auferstanden und nach vierzig Tagen zum Vater im Himmel aufgefahren *(siehe Apostelgeschichte 1, Vers 1-11)*. Seine Liebe bleibt uns konstant auf Ewigkeit erhalten, denn Jesus verspricht uns:

Und siehe, ich bin bei euch alle Tage bis zur Vollendung des Zeitalters
(siehe Matthäusevangelium 28, Vers 20)

Die Übertretungen der Menschen im Alten Testament *(z.B. siehe 1. Mose 6, Vers 12 / 1. Könige 8, Vers 46 / Psalm 14, Vers 2+3)* sind nur der Ansatz, um den Schritt Gottes präziser zu verstehen und zu begreifen, warum der Allmächtige Gott Seine auserwählten Propheten unter die Menschen sandte, um ihnen Sein Wort aus deren Mund der Menschheit zu verkünden.

Dies tat Er aus Liebe - aus Seiner nie endenden Barmherzigkeit und der daraus resultierenden Gnade zu uns Menschen.

Diese Personen sollten der Menschheit das Wort Gottes *nahebringen* und es schriftlich festhalten, sodass alle Menschen es in der Heiligen Schrift nachlesen können, um das Wort Gottes zu befolgen.

Allen Menschen sollen die Augen geöffnet werden, damit wir erkennen, uns Seine Worte zu unserem eigenen Wohl anzueignen, sie zu befolgen und nach diesen unser Leben auszurichten, um sie letztlich in unserem Leben umzusetzen. Gottes Absicht ist es, dass wir unsere Existenz unbeschwert genießen können. Denn die Worte Gottes sind daher keine dahingesprochenen Empfehlungen, sondern strikte Einhaltungen - Seine einzuhaltenden Gesetze an uns, die Menschen.

Doch der Mensch ist von Sturheit und Eigenwillen geprägt, er will nicht begreifen, in welche Gefahr er sich durch Eigenverschulden hineinmanövriert. Der Mensch selbst ist sein eigener Richter. Aber auch hier erbarmt sich der Herr über uns, denn in *Hesekiel 18, Vers 21 – 23* können wir nachverfolgen, wie sehr Gott es sich wünscht, dass Viele umkehren und Sein Wort befolgen, damit diese „Bereitwilligen", bedingt durch die persönliche Entscheidung mit der Zustimmung des Herrn ihr Leben über den Tod hinaus erretten können. Wenn Gerechtigkeit in unserem Dasein Einzug hält, so will Gott uns das Ewige Leben schenken. Gott hat kein Gefallen am dem Tod der Gottlosen, sondern fordert auf zur Umkehr! Nun können wir *Psalm 63, Vers 4* näher begreifen, wenn der Psalmist David aus seinem Herzen heraus folgende Worte spricht:

Denn deine Güte ist besser als Leben; meine Lippen werden dich rühmen

An dieser Stelle möchte ich ein kleines aber alles entscheidendes Zwischenresultat einfügen, dass mehr als nur eine gewisse Beachtung verdient: Gott braucht uns Menschen nicht, wir Ihn aber umso mehr. Wird es Ihnen nun immer deutlicher bewusst, wie *gnädig* Gott mit uns Menschen umgeht? Alles haben wir nur Seiner Gnade zu verdanken!

Zwei weitere Beispiele, an denen wir erkennen können, dass Gott uns liebt, wir jedoch unsere eigenen Richter sind, denn der Herr fällt Sein Urteil mittels unseres Glaubens, unabhängig ob von negativer oder positiver Art. Seine Entscheidungen sind stets fehlerfrei und der Herr trennt somit Recht von Unrecht:

1. Anhand des Alten Testaments können wir erfahren, dass der Herr Seinem auserwählten Volk Israel die Gesetze durch Mose gab, Er führte mit Seiner Barmherzigkeit das Volk Israel aus der Knechtschaft des Pharao in Ägypten, Er versorgte es in der Wüste mit Nahrung, sodass es überleben konnte. Gott beschützte Sein Volk bei Tag und bei Nacht, durch die Hand des Moses teilte Er das Meer, damit Sein Volk in das Gelobte Land Kanaan einziehen konnte. Er verschonte es damit vor der Rache der Ägypter, die Sein Volk töten wollten; jedoch kamen diese Übeltäter zu Fall, als der Herr das Meer, welches Er für Sein Volk teilte, über die Ägypter ausgoss. Und dennoch gab es unter dem Volk Israel Aufständische, die an Seinen Heiligen Worten und Taten zweifelten, und folglich zu massiven Kritikern wurden. Diese Menschen bekehrten sich nicht zu Gott, sondern gaben ihrer Sturheit weiteren Lauf. Aufgrund dessen wurden diese Übertreter von Gott vernichtet und konnten nicht in das Gelobte Land Kanaan einziehen.

2. Gott schenkte durch Seine Barmherzigkeit dem König Hiskia weitere fünfzehn Jahre auf Erden, als der Prophet Jesaja bereits dem König den Tod durch das Wort Gottes verkündete, befahl Gott noch im Königspalast Jesaja umzukehren, um dem König mitzuteilen, dass Gott sich entschieden hatte, Hiskia weiterhin das Leben zu erhalten. Einzig und allein der Glaube des Königs Hiskia hat Gott zur Umkehr Seines bereits festgelegten Urteils angeregt. *(siehe 2.Könige 20, Vers 1-7).*

In den Sprüchen Salomos, die die Weisheit prägen, können wir uns nun folgendes Zwischenfazit einmal näher betrachten und in unser Herz einprägen, denn dort steht geschrieben:

__Die Furcht des Herrn ist der Anfang der Erkenntnis, die Narren verachten Weisheit und Unterweisung__
(siehe Sprüche 1, Vers 7)

Dies bedeutet, dass wir Gott Respekt und Ehrerbietung erweisen müssen. Unser Wille und Drang als Christ ist es, unserem Schöpfer vollstes Vertrauen zu schenken und auch selbst nach Seinen Kriterien zu handeln. Jesus Christus und Gott zu kennen reicht nicht aus, um zu dieser Wohltat zu gelangen! Eine weitere Erklärung:

Unser Herr Jesus gibt dem Pharisäer, der Ihn fragte, welches das größte Gebot sei folgende Antwort:

__Du sollst den Herrn, deinen Gott lieben mit deinem ganzen Herzen und mit deiner ganzen Seele und mit deinem ganzen Verstand. Dieses ist das große und erste Gebot. Das Zweite aber, ihm Gleiche, ist: Du sollst deinen Nächsten lieben wie dich selbst. An diesen zwei Geboten hängt das ganze Gesetz und die Propheten__
(siehe Matthäusevangelium 22, Vers 37 - 40)

Jesus weist uns darauf hin, welchen Weg wir einschlagen müssen, um zur Gerechtigkeit Gottes zu gelangen. Wir müssen den Vater und den Sohn ehren, Ihnen unser schuldhaftes Leben mit vollstem Vertrauen anerkennen, um zur Seligkeit zu gelangen. Ein Weiser strebt den Weg an - hin zu Gott und Jesus Christus.

Ein Narr denkt nicht daran, diesen alles errettenden Weg zu begehen - er wird aufgrund seines eigenen Hochmuts zu Fall kommen, denn Gott und Jesus werden ihn nicht in Ihre Obhut aufnehmen, es sei denn, er ändert sich und bekennt Ihnen sein schuldhaftes Laster in Form der eigenen Sünde.

An dieser Stelle liegt es mir nahe, Ihnen, liebe Leser einen kleinen Erfahrungsbericht aus meinem Leben zu schildern, der zum o.g. Bibelzitat der Sprüche 1, Vers 7 sich in einer geradezu negativen Form widerspiegelt. Folglich entspricht er der unmissverständlichen Wahrheit der Bibel:

Es war ein ganz normaler Arbeitstag, als einer meiner ehemaligen Kollegen von einer Beerdigung ins Büro zurückkehrte. Er setzte sich mir gegenüber auf seinen Arbeitsplatz und starrte einige Minuten vor sich hin. Man merkte, dass ihn irgendetwas „gefesselt" hatte - ja „bewegte"; jedoch redete er kein einziges Wort. Plötzlich sprach er mit gleichbleibendem Blick einige Worte in den Raum hinein:

„Das kann einfach nicht wahr sein… Das kann ich nicht glauben, dass der Pastor das, was er eben auf der Beerdigung gepredigt hat, auch wirklich so meinte, was geschieht, wenn man an Gott glaubt… Das kann ich nicht glauben, das kann einfach nicht wahr sein…" Unversehens sah er mich an und fragte mich spontan: „Was sagst Du dazu?"

Wohl wissend, dass er Atheist war, denn über diesen Standpunkt verfügte er bereits, als ich den Versuch unternahm, mich mit ihm einige Male zuvor über das Thema Glaube und Gott zu unterhalten. Er wies das Thema Religion von sich ab, und deutete unmissverständlich darauf hin, ich solle ihn in Ruhe lassen mit „dieser abwegigen Thematik". Doch schaute ich ihn wiederum einen kurzen Augenblick an und antwortete ihm:

„Kann es etwa möglich sein, dass Du die Predigt in Deinem Herzen nicht verstanden hast, weil Du dich den Worten Gottes noch nicht geöffnet hast und demzufolge nicht glauben kannst...?"

Die Gerechtigkeit Gottes ist über alle Maßen erhaben. Gott ist frei von Fehlern - wir nicht. Da Gott *niemals irrt,* war Seine Entscheidung von dringender Notwendigkeit, uns einen Erlöser zu senden, der uns errettet. Es war der Wille Gottes, Seinen Sohn diesen untersten Weg der Kreuzigung gehen zu lassen, um uns, diejenigen Menschen, welche an Jesus Christus glauben, auf Ewigkeit zu erretten. Nun sind wir gefordert, an unseren Herrn Jesus Christus zu glauben, um auch Ihn zu verherrlichen, so wie wir den Vater verherrlichen. *Denn wer den Sohn kennt, kennt auch den Vater (siehe Johannesevangelium 8, Vers 19).*

So können wir nun Folgendes feststellen:

Das Alte Testament beinhaltet „die Verheißung Gottes" - das Neue Testament verkündet uns, wie sein Name schon sagt, „die Frohe Botschaft" - den Vollender des Glaubens Jesus Christus, den Retter der Welt - unserem wertvollsten Geschenk.

Doch anhand der von mir niedergeschriebenen Bibelverse - sowohl die des Alten-, als auch des Neuen Testaments kann man nun mehr als leicht erkennen, *dass die "Verheißung Gottes und die Frohe Botschaft" zusammengehören,* gleich einem eineiigen Zwilling - in ihrem Charakter mögen sie verschieden sein, *jedoch weisen beide Testamente Gottes gemeinsam auf unseren Heiland, Jesus Christus hin;* gesandt durch den Willen des Allmächtigen Gottes, zu unserer Errettung, für diejenigen, die Ihm bedingungslos vertrauen und an Ihn mit ganzem Herzen glauben.

Wer den festentschlossenen Willen besitzt, dieses erhabene Ziel anzusteuern, um zu *dem* Sinn des Lebens zu gelangen, muss ein teilnahmsvoller Sucher sein und auch bleiben.

Jesus wird dem Suchenden die Pforte zu Seiner nie endenden Liebe öffnen, sodass Er in das Herz dieses Menschen mit der Kraft des Heiligen Geistes einkehren kann. Der Heiland *wird* mit Seiner Barmherzigkeit *die vorhandenen Wunden und Qualen des Suchenden auflösen;* denn Sein nun anwesendes Licht wird die Dunkelheit dieses Herzens erhellen! Wer dieses Ziel erreicht, der hat den Schritt zur Wahrheit des Lebens begangen, denn von nun an übergibt dieser Mensch Jesus Christus das Zepter seines eigenen Lebens.

Den Heiland zu suchen bedeutet, sich ganz dem lebendigen Gott hinzugeben.
Ein weiterer Christ wird von "Neuem" geboren, und in die Obhut Jesu aufgenommen. Das ist der Sinn des Lebens: Für immer geliebt zu werden. Denn ohne die Liebe Christi ist die Existenz sinn- und folglich auch zweifelsohne wertlos. Die Quelle des lebendigen Wassers ist gefunden worden: *Jesus liebt dich!*

Nun können wir zu einer weiteren Feststellung gelangen:

Nur mit Seiner Gnade können wir uns verändern und diese von Ihm ausgehende Liebe beinhaltet und prägt den Anfang unserer christlichen Denkweise und folglich die Weitergabe der Liebe an andere Mitmenschen. Der Apostel Paulus betont:

*...**die größte aber von diesen ist die Liebe***
(siehe der 1.Brief an die Korinther 13, Vers 13).

Der Mensch ist am Ziel seiner hingebungsvollen Suche angelangt; doch hiermit beginnt das eigentliche „Arbeiten an der eigenen Person", um ein Christ zu werden.

Die Veränderung und Errettung durch Jesus

Teil II - Eine Erklärung des Neuen Testaments

Die Prophezeiungen der Person des Messias im Alten Testament werden nun im Neuen Testament erfüllt. Der Erlöser, der Retter der Welt, wird vom Allmächtigen Gott in die Welt gesandt, um *allen* Menschen, die an Jesus Christus glauben, ein sinnvolles und vor allem ein errettendes, hoffnungsvolles Dasein zu schenken. Ein Leben in ewiger Befreiung, welches niemals enden wird, sondern auf Ewigkeit Bestand hat. Gott selbst verwirklicht sich in Seinem Sohn, der uns Gläubigen dieses Geschenk nur durch die Gabe des Höchsten offenbaren kann, denn die Kraft Gottes war in Jesus schon vor dem Beginn der Welt an beheimatet.

Gleich am Anfang im Evangelium des Johannes steht geschrieben:

Im Anfang war das Wort, und das Wort war bei Gott, und das Wort war Gott. Dieses war im Anfang bei Gott. Alles wurde durch dasselbe, und ohne dasselbe wurde auch nicht eins, das geworden ist
(siehe Johannesevangelium 1, Vers 1-3)

Was will uns Johannes mit dieser wichtigen Auskunft mitteilen?

Johannes 1, Vers 1 Johannes geht zurück auf den Ursprung der Schöpfung - hinein zum Anfang der Heiligen Schrift. Er aber schreibt von einer Person, der Person Jesus Christus. Das Wort selbst weist keinen Ursprung auf, *sondern hat Bestand von Ewigkeit her.* Unser Heiland Jesus Christus ist der Bestand von Anfang an, gleich wie Gott und der Heilige Geist (Dreifaltigkeit / Trinität) mit Jesus Christus von Anfang an diese Grundlage besitzen. Jesus wiederum ist eine eigene Person, jedoch ist Er Teil der Dreifaltigkeit Gottes. Er ist nicht nur halb Mensch und halb Gott, *sondern Mensch und Gott zugleich.* Die Aussage der gesamten Bibel wird in diesen Bibelversen des Johannes noch einmal mehr als deutlich hervorgehoben: Jesus Christus ist Gott.

Johannes 1, Vers 2 Mit der Geburt unseres Heilands in Bethlehem wurde Er erstmals ein Mensch; dennoch existierte Jesus bereits vor dem Anfang der Welt an. Daher ist Er schon seit dem Beginn der Endlosigkeit Gott gewesen und nicht erst mit Seiner menschlichen Geburt in Betlehem, dem Beginn unseres Zeitalters.

Johannes 1, Vers 3 Von Anfang an war Jesus Christus selbst der Schöpfer aller Dinge. Die Dreifaltigkeit Gott, Jesus und der Heilige Geist zusammen sind die Schöpfer aller Dinge. In *1. Mose 1, Vers 2* können wir lesen: **... und der Geist Gottes schwebte über den Wassern.** Dies verdeutlicht noch einmal, dass bei der Schöpfung die Trinität Gottes *von Anfang an in Kraft trat.*

Die Menschheit kann *aufatmen,* denn Christus ist gekommen, um uns aus dem Inneren - sprich: vom Herzen heraus neu zu formen, damit wir Seine Worte in unserem Herzen verwirklichen, um mit diesen alles entscheidenden Maßnahmen zur Seligkeit zu gelangen. Jesus lässt uns an einem kontinuierlichen Fest teilnehmen, für diejenigen Menschen unter uns, die Ihn lieben. Dieses Fest hat Bestand für die Ewigkeit. Freude wird sich ausbreiten, denn der Wert unseres Daseins wird ein Weg der Versöhnung sein, dessen Kraft aus der Person Jesus Christus hervorgeht. Wir werden in die Liebe Christi *hineinwachsen*. Das war und ist der Wille Gottes, allen, die an Seinen Sohn von Herzen glauben, Freiheit und Ewiges Leben zu schenken.

Nun können wir Folgendes erkennen:

Die Absicht Gottes ist es, dass wir nun nicht mehr suchend umher wandeln, ohne genauen Zielpunkt, sondern eine Perspektive und Lösung *erkennen und ergreifen*. Die Errettung der Menschheit beruht *nur* auf der Grundbasis Seines geliebten Sohnes. Die Liebe hat in dem Suchenden eine neue Heimat gefunden.

Der Apostel Paulus spricht:

Also seid ihr nun nicht mehr Fremdlinge und ohne Bürgerrecht, sondern ihr seid Mitbürger der Heiligen und Hausgenossen Gottes...
(siehe den Brief an die Epheser 2, Vers 19)

Wir werden zu einer neuen Mitgliedschaft gezählt werden, nicht als Fremde, sondern als Hausgenossen, *als Beheimatete in Jesus Christus*. Diese Mitgliedschaft ist die Gemeinschaft Gottes, gleich einer Adoption eines Kindes - Er nimmt uns auf in Seine Umgebung, in Sein Reich, als die Hausgenossen Gottes. Das Wirken Seines Sohnes Jesus war eine Offenbarung des

Allmächtigen Gottes. Nur mit Ihm können wir den Widerspruch unseres Daseins vertilgen; entweder ein Leben in ewiger Genugtuung oder ein Leben in ewiger Verdammnis. Eine andere Lösung existiert nicht. Die Sprache der Bibel scheint uns manchmal etwas forsch oder gar ungerecht. *Dennoch ist sie stets gerecht und urteilt konstant ohne jegliche Fehler, denn Gott kann nicht irren; Er handelt stets fehlerfrei.*

Alle nachfolgenden Kapitel dieses Buches schließen sich an diese kompakte Erklärung des Neuen Testament an. Um den Lesern eine detaillierte Aufgliederung zu unterbreiten, wurden diese anknüpfenden Kapitel, welche nahtlos ineinander übergehen, nochmals in verschiedene Kategorien unterteilt, um die Aussagekraft ihrer imposanten Botschaft wiederum prägnanter in den Vordergrund zu heben.

Das Bibellesen

Um die Person Jesus Christus von Anfang an kennenzulernen, ist das Lesen im Alten sowie auch im Neuen Testament unentbehrlich. Wir können uns nur von irgendeinem Vorhaben vergewissern und dieses letztendlich auch begreifen (in diesem Falle dem Eintritt zu Gott und Jesus durch unseren Glauben), dessen Inhalt wir auch genauestens kennen. Viele Menschen irren, wenn sie der Meinung sind, nur das Neue Testament bedarf der genaueren Betrachtung, wie wir anhand des Beispiels des o.g. Johannesevangelium 1, Vers 1-3 feststellen konnten, denn *der Inhalt der gesamten Heiligen Schrift beruht* bis auf wenige Ausnahmen *auf den Worten Jesu Christi,* denn *Jesus ist die Zentrale der Heiligen Schrift.* Nahezu jedes Wort ist Ihm gewidmet, um Ihn zu loben und Ihn als den Erlöser der Menschheit für alle Zeit zu preisen. Die Bibel gibt dem Leser genauestens bekannt, wenn es sich um *persönliche Erkenntnisse* handelt, die jedoch ebenfalls einen erkennbaren Sinn widerspiegeln und sich mit detaillierter Weisheit auf Gottes Wort berufen. Denn *kein nutzloses Wort* ist in der Heiligen Schrift zu finden. Jesus betont dies im *Evangelium des Matthäus 5, Vers 18* und macht gleichzeitig auf die Konsequenzen aufmerksam, wenn die Gesetze Gottes missachtet werden.

Ein kleines Beispiel, die eine derartige Ausnahme beinhaltet sei am Rande erwähnt, wenn der Apostel Paulus im *1. Korintherbrief 7, Vers 12* spricht:

Im Übrigen aber sage ich, nicht der Herr... Dieses Beispiel weist darauf hin, dass an dieser Bibelstelle der Apostel *seine eigene Meinung preisgibt*, und es sich **nicht** um das mit dem

Heiligen Geist beseelte Wort, welches Jesus Christus aussprach, handelt!

So können wir nunmehr erkennen, dass die Worte Gottes einen wichtigen, von Ihm gewollten Sinn ergeben, der sich wiederum *nur* dann in unser Gedächtnis ordnungsgemäß einprägt, wenn wir die komplette Bibel als das Gesamtwerk Gottes betrachten und deren Inhalt auch in gleicher Art und Weise in unserem Herzen als unumstrittene Wahrheit aufnehmen.

Das ist der Wille Gottes, dass wir durch Seine Worte der Bibel zu bekehrten Menschen werden, die Ihn über alles lieben und auf Ewigkeit verherrlichen. Dies ist die eigentliche Berufung eines jeden Christen - für diese Aufgabe sind wir Menschen von Gott gewollt und geschaffen worden! Gott gibt *jedem* Menschen, *(siehe den Brief an die Römer in Kapitel 2, Vers 11):* **... denn es ist kein Ansehen der Person bei Gott** die Möglichkeit, sich Seinen Worten bedingungslos zu fügen, denn Seine Worte sind Gesetze, die wir erfüllen müssen, um zur Seligkeit zu gelangen. Jeder unter uns hat in den Augen Gottes die gleichen Rechte, aber gleichzeitig auch die gleichen Pflichten. Er hebt unter uns keine Unterschiede hervor, wie wir sie aus menschlicher Betrachtung gewohnt sind, mit oder ohne Murren hinzunehmen. Dies ebenfalls sind weitere Zeichen Seiner göttlichen Gnade, doch Seinem Gericht wird niemand entgehen *(siehe den 2.Brief an die Korinther 5, Vers 10).*

Immer deutlicher begeben wir uns in das zu entdeckende Geheimnis Jesu Christi, dessen Gerechtigkeit auf Gott beruht!

Der Reformator Dr. Martin Luther (1483 - 1546), der Übersetzer des Neuen Testaments in die deutsche Sprache, empfahl, die Bibel ein- bis zweimal jährlich *komplett* zu lesen. Diese

Empfehlung ist von dringender Notwendigkeit geprägt, um sich mit dem Inhalt der Worte Gottes vertraut zu machen.

Aufgrund der Wichtigkeit des Bibellesens möchte ich Ihnen, liebe Leser folgenden Ratschlag mit auf Ihren Lebensweg geben:

Zunächst einmal sei erwähnt, dass nur rund fünf Prozent der deutschen Bevölkerung die Bibel vollständig liest. Dies ist meines Erachtens nicht nur eine Schande, sondern eine große Sünde in den Augen Gottes, so jedenfalls lautet mein persönliches Empfinden. Wie wir bisher in dem vorliegenden Buch erfahren haben, trägt die Bibel und einzig und allein *nur* dieses Buch Gottes dazu bei, sich den Worten des Herrn anzunehmen, an diese zu glauben, um nach deren Inhalt das eigene Leben hoffnungsvoll mit deren Worten auszurichten. Eine andere Kommunikation gibt es für uns Menschen nicht, mit Gott und Jesus vertraut zu werden! Doch leider verstaubt die Heilige Schrift irgendwo in dunklen Ecken, manchmal muss man die Bibel erst suchen, um sie wieder zum Vorschein zu holen; dennoch ist sie *unser wertvollster Besitz*.

Liebe Leser, welchen Wert hat die Bibel in Ihren Augen? Denken Sie doch einmal fünf Minuten darüber nach, bevor sie weiterlesen...

Zu welchem Ergebnis sind Sie gekommen?

Entspricht es nicht der Tatsache, dass die Bibel das Buch der Bücher ist?

Die Heilige Schrift verdient in *jedem Bücherregal* einen *Ehrenplatz*, denn ihr Inhalt ist mit *keinem* anderen Buch zu vergleichen. Sie ist von *unwiderruflicher Wahrheit geprägt* und vermittelt uns die Worte Gottes, die vom Schöpfer des Himmels und der Erde für uns Menschen auf Ewigkeit schriftlich durch die von Ihm befugten Personen festgehalten wurden. Sie ist das *einzige Buch*, dessen Inhalt *frei von Fehlern* ist. Tägliches Lesen in der Heiligen Schrift ermuntert und festigt nicht nur unseren Glauben, sondern dies verhilft uns, schrittweise die Gedankengänge dieses Bücherbrillanten an uns heranzuführen. Dieses Bibelstudieren erzielt in unserem Inneren eine Wirkung:

Unser Herz wird aufgeschlossener und fügt sich an die Worte Gottes, um das Leben nach Seinen Richtlinien auszuüben.

Das Nachdenken über das Wort Gottes wird uns zu einer *neuen Lebensbetrachtung leiten*, denn man liest die Heilige Schrift aufrichtig und ist *gewillt*, nach den Gesetzen Gottes das eigene *Leben auszurichten*. Der Mensch, der die Bibel ehrfürchtig liest, sucht nach Wahrheit, Liebe und nach den Vorgaben Gottes, um *zum wahren Leben umzukehren* - hin *zu Jesus Christus - hin zu einem Leben, dass nach den Richtlinien Christi strebt!*

Aus diesem Grund ist es empfehlenswert, täglich eine Stunde für das Bibellesen einzuplanen, um zum wahren Sinn der Worte des Herrn zu gelangen - zur Ehre Gottes und Jesus Christus, zu unserem Heil.

Das Gebet

Ein weiterer sehr wichtiger Schritt, um eine Beziehung zu Gott einzugehen, ist das persönliche Gebet. Wenn wir die Bibel aufrichtig verfolgen, so stoßen wir unwillkürlich auf das Evangelium des Matthäus, wo der Heiland folgende Worte spricht:

... denn euer Vater weiß, was ihr nötig habt, ehe ihr ihn bittet
(siehe Matthäusevangelium 6, Vers 8)

Doch darf man die Aussage Jesu hier nicht falsch interpretieren: Gott der Herr weiß zwar schon vor unserem Gebet, warum und weshalb wir Ihn bitten wollen, jedoch *fordert Er uns auf, dass wir Ihn anbeten, damit wir unser inständiges, vollstes Vertrauen auf Gott leiten.* Dieses persönliche Artikulieren mit dem Herrn erweist Ihm Ehre - der Bittende lässt mit seinem aufrichtigen Gebet erkennen, dass sich sein vollstes Vertrauen auf die Gnade Gottes stützt. Doch muss das Gebet mit einem aus dem Herzen entstehenden Glauben zum Herrn verrichtet werden, denn nur dann kann und wird Gott auch unser Bitten erhören.

Betrachten wir einmal mehr die Worte der Bibel, die uns wiederholt bestens aufklären und schlagen den *Brief des Jakobus* auf, wo wir in *Kapitel 5, Vers 16* Folgendes erfahren:

... das inbrünstige Gebet eines Gerechten vermag viel

Jakobus möchte uns mit dieser Aussage mitteilen, dass der Betende, der mit festem und unbeirrbaram Glauben zu Gott spricht, auch vom Herrn erhört wird. Einfach dahingesprochene, nicht ernst gemeinte Gebete sind für Gott nichtig, denn diese nimmt der Herr nicht wahr. Diese erkennt der Erhabene nicht an; sie haben für Ihn keine Existenz.

Über eines sollten wir uns beständig im Klaren sein:

Gott weiß über unser Vorhaben Bescheid. Ihn können wir nicht überlisten oder gar täuschen. Denn Gott blickt auf unser Herz und erkennt bereits vor dem Gebet unsere Bitte, die wir an Ihn richten. Wenn wir den Herrn im wahren Glauben bitten, so wird Er uns auch antworten und unsere Bitte erfüllen. Jesus bestätigt diese Aussage im *Lukasevangelium 11, Vers 9-10:*

Bittet, und es wird euch gegeben werden; sucht, und ihr werdet finden; klopft an und es wird euch aufgetan werden. Denn jeder Bittende empfängt, und der Suchende findet, und dem Anklopfenden wird aufgetan werden

Unser Heiland Jesus Christus ist *unser Vermittler* vor Gott, dem Herrn. Die Bibel klärt uns auf:

Zwischen Gott und den Menschen ist ein Mittler, der Mensch Jesus Christus *(siehe der 1. Brief an Timotheus 2, Vers 5).* Auch betete unser Heiland für Petrus, sodass der Glaube des Apostel Petrus nicht aufhöre *(siehe Lukasevangelium 22, Vers 32);* denn Jesus wusste, dass Petrus Ihn vor Seiner Kreuzigung dreimal verleugnen würde. Dennoch war Petrus von Jesus dazu bestimmt worden, der Nachfolger Christi auf Erden zu werden, denn Jesus spricht zu Petrus:

Du bist Petrus, und auf diesen Felsen werde ich meine Versammlung bauen, und die Pforten des Hades werden sie nicht überwältigen. Ich werde dir die Schlüssel des Reiches der Himmel geben; und was irgend du auf der Erde binden wirst, wird in den Himmeln gebunden sein, und was irgend du auf der Erde lösen wirst, wird in den Himmeln gelöst sein.
(siehe Matthäusevangelium 16, Vers 18 – 19)

Jesus betete nicht ohne Grund für Petrus, denn der Heiland wollte, dass Sein Jünger Petrus kein „Defizit" am Glauben erlitt. Jesus sah Petrus als einen Vertreter der anderen Jünger an, sodass Petrus im vollen Glauben an den Heiland nach seiner dreimaligen Verleumdung zu den anderen Jüngern zurückkehren würde *(... und du, bist du einst umgekehrt, so stärke deine Brüder, siehe Lukasevangelium 22, Vers 32)*. Petrus sollte den anderen Jüngern weiterhin Rückhalt, Trost, sowie beständige Willenskraft schenken, damit sich die Schrift erfüllen würde. Jesus spricht zu Seinen elf Jüngern (da Judas Iskariot, der Verräter Jesu sich nach seiner Tat erhängte, *(siehe Matthäusevangelium 27, Vers 5)*, sodass das Evangelium von allen Elf gepredigt wurde *(siehe Matthäusevangelium 28, Vers 16 – 20)*.

Aber auch Jesus betete inständig zu Gott, wie wir aus den Evangelien erlesen können, denn auch Er benötigte an Seiner Person die von Gott gewollte und Ihm helfende Kraft, um das Evangelium vollenden und erfüllen zu können.

Alle gottesfürchtigen Menschen begehen den Weg des Gebetes, denn nur dieser Pfad kann den Betenden eine Kommunikation zu Gott gewährleisten. Nur durch das Gebet kann man letztendlich auch auf die Gnade Gottes hoffen! Buße und Schuldbekenntnisse vor Gott zu bekennen, ist von dringender Notwendigkeit geprägt, um als Christ von Gott in Seine Obhut aufgenommen zu werden; denn nur wer bekennt, will und kann sich auch bessern, um somit den Weg zum Herrn einzuschlagen.

Deshalb frage ich Sie:

Wo sonst, außer im Gebet können wir Gott bitten, diesen bitteren Kelch der an uns haftenden Sünde zu entnehmen?

Ein Fazit:

Gott wird Ihnen bei diesem Vorhaben zur Seite stehen und Ihnen dank Seiner Gnade helfen! Die persönliche Beziehung zu Gott entsteht im Gebet. Unsere Sorgen, Nöte, Ängste, Freude, Wünsche - alles was uns erfreut oder bedrückt können und sollen wir getrost Gott mitteilen - vor Ihm brauchen wir uns nicht zu scheuen, denn Er ist ein Freund auf Lebenszeit und noch weit darüber hinaus. Durch Seine Barmherzigkeit wird Er uns helfen, denn wer Ihn mit aufrichtig bekennendem Herzen aufsucht, Ihm Seine Fehler bekennt, dem wird auch geholfen werden. Wie gnädig sich der Herr uns armen Sündern gegenüber immer wieder präsentiert, wird uns nun immer deutlicher bewusst. Diese Erkenntnis sollte erneut Freude, Jubel und Dankbarkeit in unserem Herzen auslösen:

Jesus ist für uns da - welch ein grandioses Geschenk Gottes!

Bin auch ich in die Obhut Jesu Christi aufgenommen?

Wenn ein Mensch eine Veränderung sucht, so muss er bereit sein, sich neuen Aufgaben zu widmen. Der Mensch erkennt, dass er eine „Renovierung" in seinem Inneren benötigt, um wieder auf die Spur wahren Lebens zu gelangen. Dieser Entschluss ist von einer geradezu relevanten Bedeutung. Einsicht ist der erste Weg, um eine Verbesserung des eigenen Lebens anzustreben. Nun hat der Suchende erkannt, dass ihm etwas fehlt, ja es mangelt ihm an Zufriedenheit, Glück und innerer Ausgeglichenheit. Diese Faktoren sind es, die sich nach Wahrheit, Liebe und Vertrauen sehnen. Der Mensch benötigt neues Selbstvertrauen, um nicht in ein Tal der Hoffnungslosigkeit zu stürzen, um *diesen Keller* der seelischen Gefangenheit geht es, zu entfliehen.

Doch in diesem Raum ist das Licht der Hoffnung nicht vorhanden - dort herrscht der Schatten, der die Seele betrübt und belastet. Der Mensch sucht unwillkürlich nach einer Lösung, um den Schlüssel zu finden, der ihm das Tor öffnet, um neues Leben schöpfen zu können. Um diesen begehrenswerten Schlüssel handelt es sich, um aus innerer Befangenheit zusammen mit der Hilfe Gottes entfliehen zu können.

Neue Lösungen gilt es zu finden. Man begibt sich auf die Suche nach neuen Zielen. Doch auch irdische Bedürfnisbefriedigungen, die nunmehr verzweifelt aufgespürt und erprobt wurden, bestätigen dem Suchenden nicht ansatzweise weitere Hilfe, aus dem Sog der Trostlosigkeit zu entweichen. Dieser Mensch braucht mehr als nur menschliche Hilfe, er benötigt die

Hilfe von Dem, der ihn geschaffen hat. Dieser weiß um seine Sorgen, Nöte, Ängste und Wünsche, und Er kann ihn aus dem Sumpf der Bedrängnis herausziehen, wenn der Suchende Ihn mit Begierde und Buße aufsucht.

Ihn zu finden bedeutet, neues Leben in Form von Vollendung aufzuspüren, im Hier und Jetzt sowie für die Ewigkeit.

Ihn - Herrn Jesus *muss man finden*, um zur Wahrheit und Herrlichkeit, zu *dem* Sinn des Lebens zu gelangen. Das Wohlergehen in Form von Liebe muss Einkehr halten in das Innere des Herzens. Dies kann uns einzig und allein nur der Heiland schenken. Der Mensch, der Jesus Christus finden will, muss hinuntersteigen vom eigenen „Ich" - hin zum Licht der Freiheit - hin zu Jesus Christus. Jesus reicht uns die Hand. Er will uns zu Genießern Seiner Lehre formen. Doch müssen wir die eigen verschuldete Realität in Form von Bekennung am Schopf ergreifen, um zu dieser Wahrheit zu gelangen. Dies bedeutet, den Weg in den Keller der eigenen Seele zu begehen, um dort die Dunkelheit mit *Seiner Hilfe aufzuspüren, um diesen noch vorhandenen Schatten der Seele auszulöschen.*
Den Schlüssel zu diesem Kerker besitzt *nur* Jesus Christus allein. Er wird uns dieses Tor öffnen, um uns wieder Licht in Form von Liebe und Geborgenheit in unser Herz hineinzuleuchten. Dieses Licht des Lebens braucht der Suchende, um wahres Leben genießen zu können. Dann wird das Suchen ein Ende haben, nun haben wir erfülltes Leben gefunden, welches uns erneut bestätigt, dass der Weg zu dieser Wohltat *ausschließlich* über unseren Heiland Jesus Christus zu begehen ist. Ihm müssen wir das Leben schenken, um unseres gewinnbringend zu entlasten. Im *1. Petrusbrief 5, Vers 6 + 7* können wir den Apostel Petrus Folgendes sprechen hören:

So demütigt euch nun unter die mächtige Hand Gottes, damit er euch erhöhe zur rechten Zeit, indem ihr all eure Sorge auf ihn werft; denn er ist besorgt für euch

Was drückt dieser Bibelvers für uns Christen aus?

Umstände der Christenverfolgung, wie sie in den Tagen des Apostel Petrus gang und gäbe waren, veranlassten Petrus, diese Aussage zu treffen. Noch heute begegnen wir Menschen, die uns hinterfragend anschauen, wenn das Wort Jesus Christus angesprochen wird; schon immer mussten Christen in Jesu Namen leiden. Nicht ohne Grund sind ca. 90 % der weltweit Verfolgten Christen. Diesem Thema werde ich in einem der nächsten Kapitel nähere Betrachtung schenken. Doch sollen wir uns getrost unter die mächtige Hand Gottes demütigen - ja erniedrigen lassen. Die Verfolgungen der Gottesgegner und die in diesem Zusammenhang stark angezweifelte Glaubwürdigkeit der ersten Christen (Urchristen), die noch heute unter uns weilt und leider auch garantiert in Zukunft stattfinden wird, *(siehe Matthäusevangelium Kapitel 24 / Lukasevangelium 6, Vers 22 + 23 + 6, Vers 26 / Johannesevangelium 15, Vers 18 – 27 / 2. Brief an Timotheus 3, Vers 12)* bestätigen die unanfechtbaren Worte der Bibel, denn diese prägen stets die vollkommene Wahrheit. Die Verfolgung nimmt am Leben eines Christen teil; sie begleitet uns. Das Einsperren von gottesfürchtigen Christen in Gefängnissen, Misshandlungen oder gar Todesurteile werden mit Schande über Gläubige in manchen Erdteilen noch heute ausgeübt.

Doch Gott verlässt Seine Kinder nicht!

Kommen wir zurück zum 1. Petrusbrief 5, Vers 6 + 7. Widerstand sollen wir in die Hände des Allmächtigen Gottes legen, denn der Herr wird uns diese *Sorgen und Ängste abnehmen* - Er wird sie für uns tragen und letztlich auch tilgen. Gott ist besorgt um uns, weil die Christenverfolger den alles entscheidenden Sinn Seiner Worte schlichtweg verweigern. Diese Personen sind Gotteslästerer. Sie sind der festen Überzeugung, ihr Dasein selbstständig, ohne die doch so dringend benötigte Hilfe Gottes ausführen zu können und „stolpern" folglich an ihrer eigenen Arroganz, denn solche Personen gehören nicht zu Seinen Auserwählten.

Diese von Gott übernommenen Sorgen werden uns trotz der Verfolgung der anderen befreien. Die Wege Gottes sind für uns Menschen unergründlich, jedoch stets nur zu unserem eigenen Wohl. In *Jesaja 55, Vers 8 – 13* spricht der Herr:

Denn meine Gedanken sind nicht eure Gedanken, und eure Wege sind nicht meine Wege, spricht der Herr. Denn wie der Himmel höher ist als die Erde, so sind meine Wege höher als eure Wege und meine Gedanken als eure Gedanken. Denn wie der Regen und der Schnee vom Himmel herabfällt und nicht dahin zurückkehrt, wenn er nicht die Erde getränkt und befruchtet und sie hat sprossen lassen und dem Sämann Samen gegeben hat und Brot dem Essenden, so wird mein Wort sein, das aus meinem Mund hervorgeht: Es wird nicht leer zu mir zurückkehren, sondern es wird ausrichten, was mir gefällt, und durchführen, wozu ich es gesandt habe. Denn in Freuden werdet ihr ausziehen und in Frieden geleitet werden; die Berge und die Hügel werden vor euch in Jubel ausbrechen, und alle Bäume des Feldes werden in die Hände klatschen. Statt der Dornsträucher werden Zypressen aufschließen, und statt der Brennnesseln werden Myrten auf-

*schließen. **Und es wird dem Herrn zum Ruhm, zu einem ewigen Denkzeichen sein, das nicht ausgerottet wird***

Dies bedeutet, dass die Handlungsweise Gottes über alle Maßen hinausragt, die unserer menschlichen Vorstellungskraft entsprechen. Menschen, die Gott ehrfurchtsvoll aufsuchen und an Seine Heiligen Worte glauben, werden aus der Gefangenschaft befreit und in Frieden zurückkehren. Zeichen der Natur werden sich regen und zum Jubeln veranlasst - auch das Land wird vom Fluch befreit und dank Seiner göttlichen Vorsorge fruchtbar. Die Gnade und Barmherzigkeit mit der nie vergehenden Liebe Gottes wird auf Ewigkeit Bestand haben.

Gläubige sind in die Obhut Gottes aufgenommen. Der Allmächtige ist bereit, unsere Lasten zu übernehmen, zu tragen, um diese schließlich für uns zu vertilgen. Die Machtvollkommenheit des Herrn ist für einen gläubigen Christen stets vorhanden und wird nimmermehr von ihm weichen.

Für einen Christen besteht kein Zweifel, dass die Allmacht Gottes für ihn sorgt! Wir können stets frei aufatmen, denn wer zum Herrn gehört, den lässt Er auf Ewigkeit nicht mehr los!

Nun gelangen wir zum eigentlichen Thema dieses Kapitels, welches die Obhut bei Jesus Christus für immer gewährleistet: Die Wiedergeburt.

Um unter Gottes und Jesu Schirmherrschaft zu gelangen, bedarf es *eines Geschenkes Gottes, sodass sich der Mensch erstmals als Christ bezeichnen darf – der Wiedergeburt.*

Denn:

Ohne das Geschenk der Wiedergeburt ist ein Mensch kein Christ! - *Wenn aber jemand Christi Geist nicht hat, der ist nicht sein (siehe Römerbrief 8, Vers 9)* Wie gelangt man nun zu diesem alles erforderlichem Geschenk?

Zunächst einmal haben wir als Mensch keinerlei Einfluss auf die von Gott geschenkte Wiedergeburt, die in Form des Heiligen Geistes vom Herrn in unser Inneres gelegt wird, wenn wir bedingt durch Seine barmherzige Gnade von „Neuem geboren" werden - sprich die Wiedergeburt empfangen. Wir als Gläubige können Gott nur ehren und preisen, an Seine Dreifaltigkeit glauben, Ihn von ganzem Herzen lieben – kurzum: *Verherrlichen!*

So wie wir Menschen von Gott auserwählt wurden, geboren zu werden, so werden auch die von Ihm Erwählten auserkoren - folglich mit der Kraft des von Ihm ausgegossenen Heiligen Geistes, welche die Wiedergeburt erfüllt. Diese Entscheidung traf Gott bereits von der Gründung der Welt an.

Denn unser Herr Jesus spricht:

Kommt her, Gesegnete meines Vaters, erbt das Reich, das euch bereitet ist von der Grundlegung der Welt an...
(siehe Matthäusevangelium 25, Vers 34)

Niemand von uns hat sich die Freiheit nehmen können, warum, wo, und in welchen Zeitepochen wir geboren werden wollten. Alles beruht auf dem Willen und der Entscheidung der Barmherzigkeit Gottes, *aus Seiner reinen Gnade zu uns*. Gar wenige unter uns werden wie Johannes der Täufer, der Vorläufer Jesu, *(siehe bereits die Ankündigung des Täufers unter Jesaja 40, Vers 3 – 5)* die Gnade Gottes erhalten haben, mit dem

Heiligen Geist bereits von Geburt an erfüllt zu werden *(siehe Lukasevangelium 1, Vers 15)*. Wir können Gott nur sehnsuchtsvoll aus unserem Herzen heraus anbeten und bitten, dass auch Er uns dieses Geschenk der Wiedergeburt mit der Kraft Seines Heiligen Geistes in unser Inneres hineinpflanzt. Uns bleibt nur die Hoffnung, doch Gott allein entscheidet, Seinem Willen müssen wir uns fügen.

Unser unbewegtes, lebloses Inneres wird durch die Kraft des Heiligen Geistes zu neuem Leben erweckt werden. Dieses dringend zu benötigende Geschenk Gottes ist erforderlich, um die Worte der Bibel zu begreifen. Die Heilige Schrift spricht zu uns mit ihren Worten, dass wir ohne die Wiedergeburt geistlich tot waren *(siehe den Brief an die Epheser 2, Vers 1)*. Wir als Menschen können den Prozess der Wiedergeburt nicht als solchen nachverfolgen. Lassen wir unseren Heiland sprechen, wenn er uns über *den alles entscheidenden Sinn und die „Herkunft" der Wiedergeburt* im *Johannesevangelium 3, Vers 3 + Vers 5 – 8* folgendermaßen *aufklärt:*

Vers 3:
Wenn jemand nicht von neuem geboren wird, so kann er das Reich Gottes nicht sehen.

Vers 5 – 8:
Wahrlich, wahrlich, ich sage dir: Wenn jemand nicht aus Wasser und Geist geboren wird, so kann er nicht in das Reich Gottes eingehen. Was aus dem Fleisch geboren ist, ist Fleisch, und was aus dem Geist geboren ist, ist Geist. Verwundere dich nicht, dass ich dir sagte: Ihr müsst von neuem geboren werden. Der Wind weht, wo er will, und du hörst sein Sausen, aber du weißt nicht, woher er kommt und wohin er geht; so ist jeder, der aus dem Geist geboren ist

Ein Oberster der Juden, ein Pharisäer mit Namen Nikodemus verwickelte Jesus in ein Gespräch, worauf unser Heiland ihm mit den o.g. Worten antwortete. Dieser Pharisäer jedoch trug den Heiligen Geist *nicht* in seinem Herzen, denn er verstand die Aussage Jesu nicht; *er konnte* demzufolge *die Worte unseres Heilands nicht durchschauen - geschweige denn den Worten der gesamten Heiligen Schrift folgen. Folglich begriff er die gesamten Worte Gottes nicht als solche.*

In diesen Aussagen unseres Herrn Jesus wird deutlich, dass nur *diejenigen* Menschen unter uns, welche mit dem Heiligen Geist beschenkt wurden, Seine Aussagen, sowie auch den Inhalt der Bibel begreifen, im Herzen aufnehmen - und folglich in das Herz mit einschließen können. Eine normale, menschliche Geburt reicht *nicht aus,* um zur Seligkeit zu gelangen. *Erst mit der Zusendung des Heiligen Geistes kann das eigene Leben nach dem Prinzip Gottes – sprich nach dem Gesetz der Bibel ausgerichtet werden.* Was will Jesus nun Nikodemus, bzw. uns im *Johannesevangelium 3, Vers 3* mitteilen?

Jesus gibt uns eine klare, unmissverständliche Auskunft, dass wir *den Heiligen Geist benötigen* – ja *zwingend brauchen,* um Seine Worte begreifen zu können, sodass wir nach der Vorgabe der Bibel unser Leben letztendlich ausüben.

Denn:

Ohne den Heiligen Geist können wir den Inhalt der Heiligen Schrift weder nachvollziehen noch diesen als unsere Lebensgrundlage als solche erfassen und betrachten. Ohne zu wissen, was uns die Heilige Schrift zu lehren vermag, um nach deren Inhalt unser Leben als Christ auszurichten, kann eine Aufnahme in das Reich Gottes nicht gewährleistet werden. So bleibt uns die alles entscheidende Grundlage des christlichen Gesamtkonzeptes fern.

Zu den Worten, welche im *Johannesevangelium 3, Vers 5 – 8* von unserem Herrn Jesus gesprochen werden, können wir nun Folgendes erkennen:

In den Augen des Autors handelt es sich bei dem Begriff „Wasser", den unser Heiland hier erwähnt, *nicht* um die Taufe als solche, die notwendig sein muss, um in das Reich Gottes zu gelangen. Die Taufe an sich kann man als Zugehörigkeit zu Gott, Jesus Christus und dem Heiligen Geist betrachten. Somit ist sie für den christlichen Glauben bedeutungsvoll, jedoch nicht errettend. Die Taufe prägt die Christen zur Gemeinschaft - ja Mitgliedschaft Gottes. Doch der Inhalt der gesamten Bibel gibt uns Auskunft, dass einzig und allein *nur der Glaube an den Herrn Jesus uns zu unserer Errettung dient; dieser allerdings ist unabdingbar.* Um jedoch die Meinung des Autors nicht begründungslos im Raum stehen zu lassen, sei an dieser Stelle erwähnt, dass einer der zwei mitgekreuzigten Schächer auf Golgatha, der sich zu seinem Glauben an Jesus bekannte, vom Heiland mit in das Paradies (zum Reich Gottes) aufgenommen wurde *(siehe Lukasevangelium 23, Vers 32 – 43).* Es dürfte kaum der Fall gewesen sein, dass an diesem Übeltäter eine Taufe vollzogen wurde. Nach der Ansicht des Autors jedoch handelt es sich bei dem von Jesus erwähnten Wort „Wasser" doch eher um den Inhalt der gesamten Heilige Schrift, (Jesus spricht häufig in Gleichnissen) welche in uns verwirklicht werden muss, um in das Himmelreich zu gelangen. Nach diesen Worten unser Leben auszurichten - in dieser für uns gewollten Mitteilung unseres Herrn Jesus erkennt der Autor den Sinn dieser drei Bibelstellen.

Die Sündennatur, die in einem jeden unter uns beheimatet ist, gilt es, zu überwinden - ja gänzlich zu bezwingen. Wer den Heiligen Geist nicht besitzt, ist somit nicht fähig, an die Worte

Gottes aus tiefstem Herzen zu glauben und in seinem Leben zu verwirklichen, um letztlich die Hoffnung im Herzen zu tragen, in das Reich Gottes aufgenommen zu werden. Nur der Tod Jesu am Kreuz durch die Vergebung der Sünden aller, die an Ihn glauben, gewährleistet uns diesen Eintritt. Was für ein alles errettendes, grandioses Geschenk hat Gott uns mit Seinem geliebten Sohn Jesus für alle Zeit gegeben!

Der Wille Gottes wird mit Seiner von Ihm ausgehenden Gnade den bevorzugten Menschen mit dem Heiligen Geist ergreifen, um ihn zur Seligkeit zu geleiten. Die Wiedergeburt ist folglich unsichtbar, gleich wie der Wind unsichtbar ist.

Die Einkehr des Heiligen Geistes durch die Wiedergeburt verändert den Menschen. Sie weist ihn förmlich zur Umkehr – zu einer Hinwendung zu Gott auf. Im Erkennen und Begreifen legt der Geist Gottes das Resultat der Liebe dar. Uns Menschen ist die Bibel, das in Worte geformte Juwel der Bücher gewidmet; denn in den Worten der Heiligen Schrift entspringt der Geist Gottes. Gewidmet nur für uns Gläubige - um den Allmächtigen Gott zu verherrlichen. Das ist der Wille des Herrn!

Gott spricht im Alten Testament in *Hesekiel 34, Vers 11:*

Siehe, ich bin da, und ich will nach meinen Schafen fragen und mich ihrer annehmen

Der Apostel Paulus beschreibt den Menschen, der die Wiedergeburt durch die Einkehr des Heiligen Geistes empfangen hat, als eine neue Schöpfung, denn er spricht im *2. Brief an die Korinther 5, Vers 17:*

Daher, wenn jemand in Christus ist, da ist eine neue Schöpfung; das Alte ist vergangen, siehe, Neues ist geworden

Zunächst einmal vergleicht Jesus die Wiedergeburt mit dem Wind *(siehe Johannesevangelium 3, Vers 8)*. Gleich wie Gott den Wind bestimmt - woher er kommt und wohin er weht - *so* ereignet sich auch die Zusendung des Heiligen Geistes an der vom Herrn auserwählten Person. Man kann dieses zwingend erforderliche Geschenk Gottes nicht erkennen oder gar sehen; noch können Menschen diese Gabe des Allmächtigen beeinflussen. Aber die Veränderung, welche sich nun bei dieser Person vollzieht, ist beachtlich. Paulus spricht im o.g. Bibelvers von einer neuen Schöpfung.

Was möchte Paulus uns mit dieser Aussage mitteilen?

Der Mensch wird durch das Empfangen des Heiligen Geistes verändert. Ihm wird eine neue Schöpfung zuteil, die ihn erstmals auf die *Sichtweise* Gottes hinweist. Das alte, monotone Leben wird abgelegt, denn von nun an besitzt dieses vorherige Dasein keinerlei Sinn mehr. Eine neue Perspektive in Form von Hoffnung, Liebe und nie endender Zugehörigkeit zu der Dreifaltigkeit Gottes beginnt *nun* in diesem Beschenkten zu wirken. Man legt das alte Leben ab, gleich einem nicht mehr zu gebrauchendem Kleidungsstück. Von nun an hat der Wiedergeborene ein neues Leben begonnen - ein Leben mit Jesus Christus. Von jetzt an steht der Heiland im Lebensmittelpunkt des Beschenkten. Der Geist Gottes wirkt ab sofort in diesem Menschen. Man bekennt sich in einer anderen Art und Weise zu den Worten der Bibel, denn von nun an hat man den Sinn und den Zweck dieses Geschenks erkannt. Man liebt diese Worte, man hat sie in sich vereinnahmt, denn diese werden das neue Leben unter wahrem Glauben bestimmen.

Nun ist der Bekehrte ein Kind Gottes geworden und möchte auch andere Personen an seinem Glück, das ihm widerfuhr, teilnehmen lassen. Das Gebet zum Herrn wird nun nicht mehr mühsam sein, sondern es wird von Freude erfüllt. Nun ist eine neue Bezugs- und Leitperson in das Leben eingetreten. Ihm kann man alle seine Sorgen, Nöte, Ängste - kurzum alles Freud und Leid aus vollstem Herzen anvertrauen. Dieser Freund verlässt uns niemals - Er hat *immer* für uns Zeit und weist uns nimmer mehr von sich, sondern Er widmet Seine Liebe den Gebeten der Bittenden, dass diese erhört werden. Dieser Freund auf Lebenszeit heißt: Jesus Christus. Er hat Sein eigenes, sündloses Leben geopfert, um uns Gläubigen Ewiges Leben zu schenken.

Wer außer Gott ist dazu bemächtigt, ein solch wohlbringendes und allzeit errettendes Geschenk an unserem Leben teilnehmen zu lassen? Ihm Sei Dank, dass Er sich entschieden hat, Seinen Sohn zur Erlösung für Seine Auserwählten hinzugeben. Ohne unseren Herrn Jesus macht das Leben keinerlei Sinn - es ist folglich bedeutungslos, sinn- und wertlos. Wir brauchen Ihn. Jeden Tag, jede Stunde, jede Minute - ja, in jedem Augenblick. Denn ohne unseren Heiland können wir nichts tun.

Im *Johannesevangelium 15, Vers 5* spricht Jesus:

Ich bin der Weinstock, ihr seid die Reben. Wer in mir bleibt und ich in ihm, dieser bringt viel Frucht, denn außer mir könnt ihr nichts tun

Unser Heiland erklärt in diesem Bibelvers, dass wir das Wachstum Seiner Kraft benötigen, um „Bewegung" in Form von Erfolg in die Realität umzusetzen. Dieser Erfolg wird durch die Kraft des Weinstocks (Jesus) an die Reben (Gläubige) weitergeleitet. Dieser Weinstock jedoch ist der Spender der Rebe, die letzlich die Frucht hervorbringt. Dieser edle Spender ist allerdings von *unverzichtbarem Wert,* um überhaupt das Wachstum und das Gedeihen der Frucht zu gewährleisten. Jesus will uns damit erklären, dass wir *ohne Ihn nicht fähig sind, Seine Worte in die Tat umzusetzen,* um die Liebe, deren Spender Er allein ist, in unserem Dasein erkenntlich werden zu lassen.

Die Frucht kann folglich nur dann gedeihen und reifen, wenn sie durch den Weinstock ernährt wird. Dies bedeutet, dass einzig und allein *nur Jesus* uns zu diesem Endergebnis leiten kann. Wir müssen in Ihm bleiben und Er in uns, sodass eine Einheit - eine Verbindung entsteht. Ohne unseren Herrn Jesus Christus werden wir keine Anzeichen in unserem Dasein hervorbringen können, um Ihm ähnlich zu werden. Denn ohne Jesus können wir nichts bewirken - wir sind hilf-, tat - und machtlos.

Ein Zwischenfazit:

Wir haben nun die Notwendigkeit der Wiedergeburt näher kennengelernt. Wenn Gott den Heiligen Geist in das Herz eines Menschen hineinschenkt, der kann nun erstmals die Zusammengehörigkeit mit Ihm in vollen Zügen als ein Christ genießen. Dieses Geschenk des Herrn findet nur einmal im Leben statt. Eine neue Mitgliedschaft zwischen Gott und dem Beschenkten ist entstanden.

In dem *Brief an die Epheser Kapitel 2, Vers 17 – 22* erklärt der Apostel Paulus uns Folgendes:

Und er (Jesus) *kam und verkündete Frieden, euch, den Fernen und Frieden den nahen. Denn durch ihn haben wir beide den Zugang durch einen Geist zu dem Vater* (Gott). *Also seid ihr nun nicht mehr Fremdlinge und ohne Bürgerrecht, sondern ihr seid Mitbürger der Heiligen und Hausgenossen Gottes, aufgebaut auf der Grundlage der Apostel und Propheten, indem Christus Jesus selbst Eckstein ist, in welchem der ganze Bau, wohl zusammengefügt, wächst zu einem heiligem Tempel im Herrn, in dem auch ihr mitaufgebaut werdet zu einer Behausung Gottes im Geist*

Paulus gibt uns mit diesen Zitaten bekannt, dass Jesus zu uns kam, um uns, die wir nun einmal in Betrachtung der Bibel als *Heiden genannt werden*, zur Errettung zu leiten. Jesus verkündete den Menschen Frieden und sandte den Heiligen Geist auf die von Ihm Auserwählten aus, wozu wir (die Heiden) ergänzend dazugehören. Wir nehmen an diesem vorzüglichen Geschenk Jesu Teil! Der Autor versteht speziell den *Vers 18*, der lautet: **Denn durch ihn haben wir beide den Zugang durch einen Geist zum Vater** folgendermaßen:

Um diesen *Vers 18* näher verstehen zu können, müssen wir uns wiederum auf den *Vers 17* berufen, der lautet:

Und er kam und verkündigte euch Frieden, euch den Fernen, und Frieden den Nahen

Der Bibelleser, der die Heilige Schrift aufmerksam verfolgt, kann erkennen, dass im Alten Testament nur ein Hohepriester mit geistlichem Vorrecht eines Stammes einmal jährlich das Recht hatte, den Tempel Gottes, also in das Allerheiligste Gottes vorzudringen. Jedoch zerriss direkt nach dem Tod Christi am Kreuz von Golgatha der Vorhang des Tempels *(siehe Markusevangelium 15, Vers 38)*.

Dies kann nach der Auffassung des Autors nur bedeuten, dass die im *Vers 17* **<u>Fernen</u>** und **<u>Nahen</u>** Genannten als *(Fernen = Heiden sprich Christen / Nahen = Juden)* gemeint wurden. Doch bedingt durch den Tod unseres Herrn Jesus zerriss der Vorhang des Tempels, nun sind alle Mitglieder **<u>beider</u>** Religionen berechtigt, den Eingang des Tempels zu betreten.

Die von Gott bereits verkündete Zusage im Alten Testament verwirklicht sich, denn dort spricht der Herr in *Jesaja 57, Vers 19:*

Die Frucht der Lippen schaffend, spricht der Herr: Friede, Friede den Fernen und den Nahen, und ich will es heilen

Der Tod und die Auferstehung Jesu bemächtigt den Gläubigen *erstmals* in das Himmelreich zum Herrn aufgenommen zu werden. Doch diese Entscheidung beruht einzig und allein auf Gott und Jesus Christus.

Nun sind *beide (Christen als auch Juden)* miteinander vereint, indem Jesus Christus selbst der Eckstein ist, der das Fundament des Glaubens trägt. Nun sind die Gläubigen keine Fremden mehr, *sondern Mitbürger und Hausgenossen Gottes.* Durch die Vereinigung mit unserem Heiland Jesus Christus und Gott als die Person des Heiligen Geistes *(Gottes im Geist, Vers 22)* werden die Gläubigen die Zugehörigkeit in dessen Nähe genießen.

Wir sind als wiedergeborene Christen für allezeit umsorgt, denn niemand kann uns aus der mächtigen Hand Gottes entreißen! Was er einmal an sich genommen hat, das gibt er nicht mehr her!

Jesus spricht:

Meine Schafe hören meine Stimme, und ich kenne sie, und sie folgen mir; und ich gebe ihnen ewiges Leben und sie gehen nicht verloren in Ewigkeit, und niemand wird sie aus meiner Hand rauben
(siehe Johannesevangelium 10, Vers 27 + 28)

Unser Dank beruht in Ewigkeit auf Dir – Herr Jesus!

Auch Christen müssen leiden

Zurechtweisungen sind uns in der Tat unangenehm. Wir alle kennen allzu genau die Verwarnungen unserer Eltern oder der Erziehungsberechtigten in unseren Kindheitstagen. Doch ohne die an uns ausgeübten, zweifelsohne gut gemeinten Belehrungen hätte unser Lernmechanismus einen Stillstand hinnehmen müssen. Wir wären oftmals in große Schwierigkeiten verwickelt worden, ja des Öfteren kläglich gescheitert, wenn wir nicht auf diese scheinbar für uns damals eher nutzlosen Worte gehört hätten. Heute sind wir alle froh und dankbar, dass die Erwachsenen uns damals nach ihrer Fasson zurechtgewiesen haben, um unser Leben auf die rechte Bahn zu lenken.

Noch heutzutage benötigen wir solche Maßregelungen, denn auch im Erwachsenenalter lernt man niemals gänzlich aus. Das ganze Leben beruht auf einer Lernbasis, die ein jeder von uns erfahren wird. Die Erfahrungen des Lebens legalisieren uns die immer wieder einkehrenden Belehrungen. Demzufolge könnte man auch hier von *fortwährenden Lernstunden* des Lebens sprechen.

Insbesondere sollten wir jedoch den Warnungen Gottes aufmerksame Beachtung schenken; denn diese wollen uns auffordern, den Weg zu den Worten der Wahrheit zu begehen, diese in unseren Herzen aufzunehmen, um sie infolgedessen ausleben und genießen zu können. Häufig erkennen wir diese nicht als solche an, und fragen uns unwillkürlich, warum diese in unserem ohnehin von Stress geplagten Leben Einzug halten.

Dieser Problematik wollen wir an dieser Stelle versuchen, auf den Grund zu gehen.

Nun häufen sich die Fragen, warum wir als Gläubige leiden müssen. Als Christen gehören wir der Gemeinschaft, oder besser ausgedrückt der Familie Gottes an. Wir können beruhigt das Wort *„eine vom Herrn vorausgeplante Glaubensgruppe"* aussprechen, denn es handelt sich um eine gemeinsame Verbindung innerhalb der Christengemeinde, welche die Familie Gottes ergründet. Diese kontinuierlich andauernde Gemeinschaft prägt die durch den Glauben an Christus entstandene Wiedergeburt der einzelnen Gläubigen. Der Grundsatz ist gelegt, was bedeutet, dass wir die Wurzeln des Glaubens - einzig und allein durch die Gnade Gottes in unserem Inneren, gleich der Art eines Ankers besitzen, welcher unseren Glauben unnachgiebig festhält. Dieser wiederum lässt äußere Einflüsse zwar in mannigfaltiger Form an uns herankommen, oftmals in nur schwer zu ertragenden Prüfungen, jedoch kann dies einen wiedergeborenen Christen niemals gänzlich dazu zwingen, die Liebe zu Gott und Jesus Christus aufzugeben.

Auch ein wiedergeborener Christ ist nur ein Mensch. Auch ihn werden die äußeren Einflüsse schmerzen und folglich verletzen, jedoch werden sie ihm *niemals* den vom Herrn geschenkten Glauben entnehmen.

So sind wir förmlich gezwungen, die im vorigen Kapitel zuletzt erwähnten Bibelverse nochmals genauer zu betrachten, wobei wir die Verse 29 + 30 zur Klärung dieser Bibelzitate hinzufügen.

Im *Johannesevangelium 10, Vers 27 - 30* spricht der Heiland:

Meine Schafe hören meine Stimme, und ich kenne sie, und sie folgen mir; und ich gebe ihnen ewiges Leben, und sie gehen nicht verloren in Ewigkeit, und niemand wird sie aus meiner Hand rauben. Mein Vater, der sie mir gegeben hat, ist größer als alles, und niemand kann sie aus der Hand meines Vaters rauben. Ich und der Vater sind eins

An dieser Stelle können wir nun Folgendes unmissverständlich festhalten:

Wir sind als wiedergeborene Kinder des Höchsten in ewiger Geborgenheit. *Der Glaube an Gott und Jesus Christus erlaubt äußeren Einflüssen nicht deren gewollte Vereinnahmung.* Der Wille Gottes ist größer als alle auf uns zukommenden Beeinflussungen. Diese Störungen können die Bestätigungen Gottes *niemals beeinträchtigen*. Die Worte unseres Herrn Jesu bestätigen uns weiterhin, dass wir Gläubigen in einer Art ständigen Gemeinschaft leben, sodass wir den Genuss Seiner nie endenden Liebe zu uns in Form eines göttlichen Geschenkes schon hier auf Erden genießen werden. Dieser Vorbote der von Jesus ausgesprochenen Worte führt uns in das Ewige Leben hinein - unserem angestrebten und beabsichtigten Ziel, mit dem wir unser Leben bestreiten, *dem* Ziel eines jeden wahren Christen. *Wir können niemals mehr verloren gehen.*

Weiterhin betont unser Herr Jesus, dass Er und der Vater eins sind. Gott kann nicht lügen *(siehe den Brief an die Hebräer 6, Vers 18)*. Jesus erteilt uns hier Sein Versprechen an uns - an Seine Schafe.

Aus Dankbarkeit an der ihm zugeteilten Gnade Gottes lebt der Christ sein Dasein auf Erden aus reinster und vollkommener Überzeugung aus.

Die größte und niemals von fremden Einflüssen zu irritierende Macht Gottes lässt Seine Gemeinde nie unberücksichtigt. Seine Gnade weilt *ständig* unter uns.

Es ist keinesfalls übertrieben, zu behaupten, dass wir in doppelter Sicherheit unser Dasein auf Erden genießen dürfen. Diese Sicherheit ist geprägt von dem Willen Gottes und Seines Sohnes Jesus Christus. Äußere Einflüsse in Form von Bedrückungen, gleich welcher Art auch immer, können uns letzten Endes nicht zu Leibe rücken! Wir sind ummantelt in der autoritären Obhut des Herrn!

Wir legen mit dem Geschenk Gottes an uns ein standhaftes Fundament in unser Leben hinein, weil wir wissen, dass die Macht von Gott und Jesus Christus uneinnehmbar ist. Der Glaube ist somit ein Werk Gottes an diejenigen unter uns, die in dieser Behauptung ihr Leben ausüben. Das prägt das Leben und gleichzeitig auch die Gewissheit eines wiedergeborenen Menschen, in der Heimat Gottes schon im Hier und Jetzt angelangt zu sein!

Es bedarf großer Bemühungen, um in die Erkenntnis der Liebe Gottes zu gelangen. Die Worte der Heiligen Schrift müssen in unseren Herzen verschmelzen, sodass sie gemeinsamen Einklang finden. Je mehr wir uns mit den Worten Gottes beschäftigen, umso deutlicher werden diese uns bewusst. *Jeder Lernprozess in unserem Dasein erfordert ein genaues Studium der zu behandelnden Materie.*

Wir alle wissen, dass ohne Fleiß und gewolltem Ehrgeiz eine Aufgabe mit großer Wahrscheinlichkeit scheitern wird. Doch der von uns ausgehende *Wille* ist erforderlich, um unser angestrebtes Ziel mit Erfolg, was mit dem Studium der Bibel bedeutet, mit dem daraus resultierenden Glauben küren zu können.

Wiederum bestätigt sich ein weiteres Mal, dass das Bibellesen die aufmerksamen Leser *schrittweise an die Liebe Gottes zu uns Menschen heranführt und dementsprechend mehr und mehr stärkt.*

Dieses Ziel ist nicht nur von dem achtsamen Bibelleser gewollt, sondern auch vom Herrn. Er will, dass wir uns mit Seinen Worten beschäftigen, um Ihn zu verherrlichen. Wenn wir Ihn bitten, dass Seine Worte in unserem Herzen Besitz ergreifen, so wird Er uns diesen Wunsch auch erfüllen. Gott will, wie bereits erwähnt, dass *jeder Suchende* zu Ihm findet, und nach Seinen Worten das Leben gestaltet. Infolgedessen wird der Herr uns diese Bitte mit Seiner barmherzigen Gnade in unser Herz mit dem Heiligen Geist hineinpflanzen.

Auch Leid und Beschämung müssen wir als Christen erdulden. Aber der Inhalt der Bibel lehrt uns, dass die Propheten und Apostel diesen Weg der Beschämung gehen mussten. Auch unserem Herrn Jesus Christus blieb dieser Weg des Leides nicht erspart. Doch jegliche Art von Leiden ist eine Herausforderung an unseren Glauben. Gott will, dass *wir standhaft im Glauben sind und auch bleiben.* In dem zuletzt behandelnden Bibeltext *(siehe Johannesevangelium 10, Vers 27 – 30)* haben wir erfahren, dass Gott und Jesus uns jederzeit helfend zur Seite stehen, wenn wir an unserem Glauben bedingungslos festhalten. Niemand kann uns aus Ihren Händen rauben, denn wir werden in Ewigkeit nicht verloren gehen. Selbstverständlich sind alle Erfahrungen, welche mit Leid verbunden sind, nur sehr mühsam zu bewältigen, jedoch sollten wir stets beachten, dass die Liebe Gottes zu uns um ein Vielfaches größer ist, als alles uns zugefügtes, herannahendes Leid.

Nun denkt der Mensch, jedes Leid trägt mehr und mehr dazu bei, uns aus dieser Gemeinsamkeit mit Gott und Jesus Christus schrittweise zu entfernen, genauer ausgedrückt: Das Erdulden des Glaubens zu verletzen oder gar auszulöschen. Das ist unbestreitbar der Wille des Teufels, der hartnäckig versucht, seine Gemeinde beständig zu vergrößern. So wie unser Heiland von Ihm in der Wüste versucht wurde *(siehe Lukasevangelium 4, Vers 1 – 13)*, so wird er auch uns versuchen. Doch gerade in diesen Bibelstellen können wir nachlesen, wie Jesus den Teufel konterte, um ihn letzten Endes *mit Erfolg* von sich zu weisen. Glaube besteht nur aus reinster Wahrheit, denn er ist das Werk Gottes, welches Er dem Gläubigen schenkt und mit der Kraft des Heiligen Geistes in unser Inneres befestigt. Daher ist es unmöglich, einen Wiedergeborenen aus der Obhut Gottes zu ziehen. Die Versuchungen des Teufels werden kläglich scheitern.

Jede Versuchung, egal welcher Art wird sich an einem wahren Christen die Zähne ausbeißen, denn die Macht Gottes ist größer als jede Art der Versuchung, die sich bemüht, uns aus Seinen Händen zu entreißen. Die scheinbar an uns herantretende und gleichzeitig verführende Anfechtung wird kläglich scheitern. Mit Glauben kann jede Versuchung mit Erfolg von uns abgewehrt werden; völlig dahingestellt, ob diese uns in Form von Krankheiten, der Sünde oder von Menschen begegnen, die uns mit ihren Einschüchterungen vom Glauben an den Herrn wegführen wollen. Doch nicht uns selbst können wir rühmen, um an diesem Triumph des Glaubens festzuhalten, denn das ist das Werk Gottes an uns. Gott allein sind wir zu Dank verpflichtet. Seinen Kindern wird bedingt durch die von Ihm zugeteilte Gnade nichts zustoßen.

Wir können erkennen, dass jede Art von Anfechtung gegen Gott und Jesus Christus letztlich *immer ein Triumphzug Gottes ist.* Es ist die Liebenswürdigkeit Gottes an uns, gleichzeitig auch die Herrlichkeit der Person Christi, die uns beschützt. Wir können nunmehr beruhigt behaupten, dass nahezu jedes Leid, welches wir auf unserem Lebensweg ertragen, als ein Leid für Jesus Christus angesehen werden muss. Wer den Herrn liebt, wird dieses Leiden mit Dank entgegen nehmen. (Diesen Satz habe hat der Autor aus reinster Überzeugung niedergeschrieben, und folglich keinesfalls überspitzt gemeint!).

Denn:

Wenn wir den Glauben mit Jesus Christus gemeinsam begehen, so müssen wir uns im Klaren sein, dass wir das Leid, welches Christus einzig und allein für uns ertrug und letztlich mit dem Tod für unsere Sünden am Kreuz von Golgatha auslöschte, auch selbst hinnehmen müssen. Der Heiland fordert von uns einen Beweis, dass wir es wert sind, die von Ihm gewollten Herausforderungen durch das Prüfen von den bereits genannten Fremdeinwirkungen zu bestehen.

Wir werden von Ihm bestärkt darauf hingewiesen, unser Leben zu verlassen, um uns an Seinen Richtlinien zu orientieren, damit wir uns diese Vorgabe aneignen. Um den Sinn dieser Behauptung näher zu begreifen, sollten wir nun diesen Bibelstellen einmal nähere Betrachtung schenken:

Wenn jemand mir nachfolgen will, verleugne er sich selbst und nehme sein Kreuz auf und folge mir nach. Denn wer irgend sein Leben erretten will, wird es verlieren; wer aber irgend sein Leben verlieren wird um meinet- und des Evangeliums willen, wird es erretten. Denn was nützt es einem Menschen, wenn er die ganze Welt gewinnt und seine Seele einbüßt? Denn was könnte ein Mensch als Lösegeld geben für seine Seele? Denn wer irgend sich meiner und meiner Worte schämt unter diesem ehebrecherischen und sündigen Ge-

schlecht, dessen wird sich auch der Sohn des Menschen schämen, wenn er kommt in der Herrlichkeit seines Vaters mit den heiligen Engeln
(siehe Markusevangelium 8, Vers 34 – 38)

In diesen Bibelversen sagt uns der Herr Jesus, dass Er für uns gläubige Menschen Sein Leben hingibt, um es uns heilbringend zu spenden. Durch Ihn können wir in die Herrlichkeit Gottes gelangen. Wer Jesus nachfolgen will, soll nicht weiterhin sein Leben nach irdischen Vorzügen begehen, sondern diese verlassen, um das Leben gemeinsam mit Ihm zu retten. Die Worte des Heilands *rufen allen Menschen zu,* sich selbst zu verleugnen, um ein Leben in Hingabe des Leides anzunehmen. Die nahezu permanent in unserem Leben aufkommenden Gedanken, unser Leben in möglichst komfortabler Art und Weise zu gestalten, dem eigenen *„Ich bin es mir wert"* in den Vordergrund zu schieben, muss entweichen. Diesen Gedanken sollten wir schnellstens aus unserem Gedächtnis löschen, denn mit diesen irdischen Gedankengängen entfernen wir uns von der Botschaft Jesu. Wir sollen uns den Gedanken des Heilands und der der Evangelien anschließen, uns mit ihnen vereinen, um zur Wahrheit des Lebens zu gelangen. Einzig und allein *dieser Weg führt den Menschen in die Obhut Gottes.*

Ein Leben in Reichtum widmet sich dem weltlichen Genuss - die Liebe zu Gott gerät in den Hintergrund - ins Abseits und wird nicht beachtet. Man missachtet unwillkürlich die Worte des Herrn Jesus. Man fügt sich demzufolge dem irdischen Reichtum an, *nicht* den Worten, die unserer Errettung dienen, von denen unser Herr Jesus und der Inhalt des Evangeliums, sowie die restliche Botschaft der Heiligen Schrift sprechen. Wer sich den Worten Jesu schämt, den wird der Heiland in gleicher Art und Weise beschämend ignorieren, an dem Tag, wenn Er in der Herrlichkeit Seines Vaters mit den Heiligen Engeln zu uns kommt.

Wir alle sind Sünder - diese Tatsache ist unantastbar. Aber die Menschen, die den sündenfreien und über alles stehenden Herrn Jesus von Herzen lieben, können diese Behauptung Seiner anzugehören jederzeit frei aus ihrem Inneren heraus loben und preisen, denn sie kämpfen für diese über alles erhabene Inanspruchnahme, denn der Geist Gottes wohnt in diesen Gläubigen! Wir wissen, dass die Gerechtigkeit allein unter Seinem werten Namen ruht. Diese Gerechtigkeit in Jesu Namen gibt uns Leben im Überfluss *(siehe Johannesevangelium 10, Vers 10)*. Nichts wird uns fehlen, denn die Zugehörigkeit zu Jesus erfüllt das Leben im Hier und Jetzt und in Ewigkeit. Wer daran festhält, der erfährt den gesamten Sinn des Lebens.

Die Freude im Leid

Der Inhalt der gesamten Heiligen Schrift fordert den aufmerksamen Leser auf, über die Geduld Gottes näher nachzudenken. Manche Menschen behaupten, Gott sei rachsüchtig. Wenn jedoch Menschen sich den Gesetzen des Herrn widerspenstig entgegenstellen, so ist Er gezwungen, zu handeln. Ungerechtigkeit oder gar Rachsucht ist dem Willen Gottes fern, denn Er will, dass sich ein jeder von uns zu Seinen Worten bekennt, um nach diesen das Leben auszurichten. Der Herr handelt stets getreu und mit unwiderruflicher Wahrheit, denn von Ihm geht sie aus.

Um dieser Tatsache näher auf den Grund zu gehen, bedarf es einem Beispiel aus unserem Leben:

Stellen Sie sich vor, jeder unter uns würde so handeln, wie er wollte. Dieses Chaos wäre undenkbar, ja - unvorstellbar. Wir alle benötigen *Gesetze*, die unsere Taten züchtigen. Wenn keine Gesetze uns Einhaltungen in unserem Handeln geben würden, dann wäre innerhalb kürzester Zeit die Ratlosigkeit perfekt.

Wer z.B. mit einer Geschwindigkeit von 80 km/h durch die Stadt fährt, obwohl nur 50 km/h erlaubt sind, wird für seine Zuwiderhandlungen bestraft. Das Blitzgerät der Polizei hält die Geschwindigkeitsüberschreitung des zu schnell gefahrenen Autofahrers eindeutig fest. Der Autofahrer erhält einen Bußgeldbescheid, um seine Strafe zu zahlen. Dieses Beispiel ist ärgerlich, aus eigenem Verschulden verursacht und trägt nicht zur Freude bei, zumal der Führerschein bei einer solchen Überschreitung für einige Wochen entzogen werden könnte.

Gesetze sind dafür vorgesehen, um einen jeden unter uns einen unmissverständlichen Anhaltspunkt zu geben, sodass sich, wie in diesem Beispiel erwähnt, die Verkehrsteilnehmer danach richten. Jeder, der einmal zu schnell gefahren ist, wird zukünftig auf die zulässige Höchstgeschwindigkeit und Verkehrsregeln achten, um weitere Bußgelder zu meiden. Man lernt aus verursachten Fehlern. Ein Beispiel, welches jeder unter uns bejahend einsieht und demzufolge keinesfalls anzweifelt.

Kehren wir zurück zu den Worten der Bibel, um den Willen Gottes näher zu durchleuchten.

„Die Geduld Gottes ist scheinbar grenzenlos". Manche Menschen besitzen tatsächlich solche absurden Gedankengänge. Doch sie irren gewaltig. Wer die Grenzen Gottes überschreitet, der wird von Ihm gezüchtigt. Die Bibel klärt uns über das Handeln Gottes auf. Gott ist der oberste Richter. Niemand befindet sich über Ihm. Er ist somit alleiniger Herrscher über uns alle. Für jeden Menschen sollte es daher eine Ehre sein, sich dem Willen unseres Schöpfers zu beugen und das Leben nach Seinen Weisungen zu begehen, denn der Herr ist allmächtig. Doch nicht nur durch Eigenverschulden weist Gott die Schranken der Übertretungen deutlich auf. Dies kann auch durchaus aus menschlicher Betrachtung völlig unverständlich und unvorhergesehen stattfinden.

Wir suchen nach dem Grund des Vergehens und können diesen weder erkennen, noch in irgendeiner Art und Weise nachverfolgen. Mehr oder weniger stehen wir vor einem Problem, ja einem Rätsel, dessen Ursprung wir nicht nachvollziehen können. Dann entscheiden sich manche Menschen für einen fatalen Fehler, indem sie sich von der Zuneigung Gottes abwenden.

Und das, liebe Leser ist der Grund, warum manche Menschen im Glauben an Gott verzweifeln und folglich ihre Hoffnung auf den Allmächtigen nach und nach aufgeben.

Instinktiv denkt man nun, man habe bereits genug Probleme und das Thema Gott und Glaube wäre somit eine weitere „Belastung", von dessen Sparte man sich entfernen sollte. Doch gerade die Entscheidung den Glauben aufzugeben, führt ins Abseits, ins Verderben und in schauderhafte Finsternis, denn *wo Gottes Werke nicht walten, da ist weder Hoffnung, noch Leben, noch Liebe vorhanden,* die wir brauchen, ja *dringend benötigen,* um wahres Leben *zu genießen.*

Wahres Leben, welches stets einen Grund zur sinnvollen Existenz besitzt - ein Leben für das es sich immer zu leben lohnt, kann *nur* mit der Hilfe Gottes und Seiner Zustimmung gelingen.

Liebe Leser, gerade jetzt, prompt in diesen Lebenssituationen ist Ihnen der Herr ganz nah! Er will Ihnen helfend zur Seite stehen, um Sie aus dieser für Sie aussichtslosen Lebensperspektive zu erretten. Wen Gott liebt, dem verteilt Er des Öfteren solche aus menschlicher Betrachtung „undurchsichtige Prüfungen", welche diese Person veranlassen sollen, an dem eigenen Glauben festzuhalten, um diesen nicht loszulassen, sondern vielmehr in die Sichtweise und Liebe des Herrn zu lenken, damit der Glaube dieses Menschen erneut beim Herrn Einklang findet.

Freude im Leid entsteht, wenn wir die Mahnungen Gottes in unserem Leben beachten und auf die Hilfestellungen Gottes mit Buße eingehen. Er hilft uns heraus aus dem Sog der Trostlosigkeit, um uns erneuten Lebensmut in Form von Seiner unwiderruflichen Gnade und Barmherzigkeit zu schenken.

Die Bibel gibt uns zahlreiche Auskünfte, wie solche Lebenssituationen zu bewältigen sind. Betrachten wir daher einmal die *Sprüche 3, Vers 11 – 15*. Dort steht geschrieben:

Mein Sohn, verwirf nicht die Unterweisung des Herrn, und lass seine Zucht dich nicht verdrießen. Denn wen der Herr liebt, den züchtigt er, und zwar wie ein Vater den Sohn, an dem er Wohlgefallen hat. Glückselig der Mensch, der Weisheit gefunden hat, und der Mensch, der Verständnis erlangt! Denn ihr Erwerb ist besser als der Erwerb von Silber und ihr Gewinn besser als feines Gold; kostbarer ist sie als Korallen, und alles, was du begehren magst kommt ihr an Wert nicht gleich

Freude im Leid - dies sind die Botschaften dieser Bibelverse. Leid ist vielleicht an diese Stelle das nicht gerade passende Vokabular, besser könnte man es als „Eigenverschulden" benennen, wenn wir den Text weiter verfolgen, denn der Herr fügt uns *niemals* beabsichtigtes Leid zu. Wenn sich Gott einer Person erbarmt, so hat Er allen Grund dazu. Leider führen uns unsere Gedankengänge bei dem Wort „Zucht" in „böse" und „beabsichtigte", sprich „gewollte Züchtigungen" hinein, welche vom Erhabenen Herrn ausgehen. Da Gott niemals versucht werden kann *(siehe Jakobusbrief 1, Vers 13)*, irrt Er folglich auch bei Seinen Züchtigungen an uns Menschen nicht. Insofern sind die „gewollten Züchtigungen" von Ihm durchaus beabsichtigt. Ein Beispiel:

Wenn ein Kind bei Rot über die Straße läuft, so sind wir als Eltern oder Erwachsene dazu verpflichtet, das Kind über die Gefahr seines Vergehens aufzuklären. Wir müssen dem Kind die Gefahr dieser Situation näher erläutern und es mahnen, damit es diesen schwerwiegenden Fehler in Zukunft kein weiteres Mal begeht.

Ähnlich weist uns der Herr auf unsere Vergehen hin, die Er uns mit Seinen „Züchtigungen" lehren will.

Wenn wir uns von Seinen Worten und Gesetzen entziehen, diesen keine Beachtung schenken und uns daraufhin von Ihm entfernen, so will Er uns durch „Züchtigung" wieder in Seine Aura zurückholen, was bedeutet, dass Seine gnadenreiche Hilfe uns *nur zu Gute kommt*. In unserem Sinne „bestraft" Er uns; dennoch ist es die Absicht Gottes uns zu helfen, um uns wieder an das Licht Seiner nie endenden Liebe, die Er gemeinsam mit uns begehen *will*, gelangen zu lassen. Der Zusammenhalt oder die Gemeinschaft unseres Lebens mit Ihm ist dem Herrn überaus wichtig.

Somit ist die „Zucht" ein eindeutiges, unmissverständliches Argument Seiner Liebe zu uns.
Wir sollen Miterben Seiner Herrlichkeit werden, das ist die Absicht Gottes, die Er uns mit „Züchtigung" mitteilen will. Es ist Sein Anliegen, jeden von uns zu erretten. Dies sollte uns klar zu verstehen geben, dass das Wort „Bosheit" beim Herrn fremd ist.

In Seiner Liebe existiert dieses Wort nicht!

Menschen, die zur Weisheit gelangen, haben die Absicht Gottes in ihr Herz eingeschlossen. Diese sind nunmehr imstande zu behaupten, dass die sogenannten „Züchtigungen Gottes" ihnen die Augen öffneten, um die Herrlichkeit Gottes nunmehr zu verstehen und mehr und mehr zu begreifen. Das ist die Absicht des Herrn, uns, bedingt durch Seine Ermahnungen, die letzten Endes nur unserem Wohl dienen, an Sich heranzuführen. Diese Tatsache signalisiert den Inbegriff Seiner Liebe und Barmherzigkeit zu uns. Die Darstellung dieser Bibelzitate leitet mit ihrem Inhalt auf den Heiland, auf Jesus Christus hin. Ihn zu kennen, zu lieben und bedingungslos nachzufolgen beinhaltet den Sinn und den Grund des christlichen Glaubens. Diese wahre, präzise und über alles entstehende Lebenseinstellung lässt irdischen Reichtum, völlig unabhängig, welcher Art verblassen - ja förmlich von uns abblocken. Dieses Glaubensbekenntnis ist wahrlich ein Leben im Überfluss, denn wer Jesus kennt und liebt, der hat zum Reichtum des Lebens gefunden. Keine Kostbarkeit ist Ihm gleich.

Ein Fazit:

Mit der Annahme der Züchtigung kann man in die Herrlichkeit Gottes gelangen: Die Freude im Leid hat sich dem Verständigen offenbart! Die Worte Gottes haben in unseren Herzen die Wurzeln des Glaubens angenommen. Herr Jesus, Dir gebührt unser Dank in Ewigkeit!

Jesus gibt uns Mut

Wenn wir die Geschichte unseres Herrn Jesus studieren, so können wir in den Evangelien des Neuen Testaments erfahren, dass es der Wille Gottes war, Seinen Sohn zu unserem Heil *(zu unserer Errettung!)* in die Welt zu senden. Der Allmächtige offenbarte Sich selbst in der Person Jesus Christus *(siehe Johannesevangelium 1, Vers 1 – 5)*, um seinen gläubigen Kindern Leben im Überfluss zu geben *(siehe Johannesevangelium 10, Vers 10)*. Diese Tatsache beweist eindeutig - wenn wir es aus dem Blickwinkel der Gesamtheit der Dreifaltigkeit (Trinität) Gottes betrachten, dass es Jesus Christus ist, der für gläubige Christen in die Welt offenbart wurde, um uns in die Gedanken, dem Willen und in die nie vergehende Liebe Gottes einzuweisen, auf das wir dem Willen Gottes folgen, und bedingt durch dieses großartige Geschenk des Höchsten zur Seligkeit gelangen.

Wir sollten diese immens wichtigen Gedankengänge unseres Schöpfers stets im Hintergrund unseres christlichen Glaubens behutsam und vor allem dankbar aufbewahren, denn auf dieser Grundlage basiert unser Glaube, der uns im Hier und Jetzt, sowie für alle Ewigkeit in die Obhut Christi aufnimmt, wenn wir zu unserem Heiland mit einem aus dem Herzen entsprungenem Glauben behaupten: „Ich bin Dein!". Einzig und allein mit dieser Quelle beginnt unser Glaube zu wachsen, zu gedeihen und sich auszubreiten - hin zu den Gedanken der Liebe und der Barmherzigkeit Gottes - einem nicht zu vergleichendem Geschenk, welches unser Leben auf Seine gütigen Bahnen lenkt. Dieses Vorhaben ist der Wille des Höchsten - auf das alle, die an Jesus Christus glauben, errettet werden *(siehe der erste Brief an Timotheus 2, Vers 4 + 5 / Johannesevangelium 14, Vers 6)*

Der Wille Gottes, unseres Vater beinhaltet den Ursprung unserer Errettung. Das von Gott erfüllte Werk Seines Sohnes beruht auf diesem von Ihm gewollten Grundstein. Die Liebe Gottes zu uns Gläubigen ist von einer solch liebevollen Aura umhüllt, die ausnahmslos das Leben unseres Heilands *fordert, um es uns für immer zu schenken.* Genauer ausgedrückt: Gott fordert von Seinem Sohn die Selbsthingabe zum Tod am Kreuz von Golgatha - zu unserer Erlösung vor dem ewigen Verderben *(siehe der Prophet Hosea 13, Vers 14 / der erste Brief an die Korinther15, Vers 20 – 22).*

Dies weist darauf hin, dass unser Herr Jesus keinen einfachen, was bedeutet, einen für Ihn vom Herrn geebneten, geraden Weg des Lebens auf Erden zu begehen hatte. Auch Jesus musste leiden. Ja, vielmehr durchging Er ein Leben, welches von Ungerechtigkeit an Seiner Person gekennzeichnet war. Er war frei von Sünde, hatte keinerlei Schuld in Seinem Leben, die Ihn für ein Vergehen hätte zur Bestrafung ziehen können - und demzufolge weist Seine Einzigartigkeit uns zum Nachahmen auf *(siehe der zweite Brief an die Korinther 5, Vers 21).*

Niemand ist Ihm gleich *(siehe das Buch Hiob 41, Vers 25)* Jesus wusste, wozu Er in die Welt gesandt wurde. Der Weg des Leides war Ihm bekannt, und häufig sprach Er mit den Jüngern über Seinen bevorstehenden Tod *(siehe Lukasevangelium 24, Vers 7).* Dieses Leiden jedoch durchlebte unser Heiland nur zu unserem Wohl, auf das wir in Gemeinschaft mit Ihm in Zufriedenheit und ewig bestehender Liebe verbleiben. Wir müssen stets den Willen in uns besitzen, Jesus ähnlicher zu werden, um Ihm nachfolgen zu können. Jesus fordert Seine Schafe dazu auf *(siehe Johannesevangelium 10, Vers 7 – 16).* Wer dieses Ziel mit beharrlicher Beständigkeit verfolgt, der wird in seinem Leben oftmals Enttäuschungen auf sich nehmen müssen, die unser Heiland seinen „Nachkommen" bereits ankündigte. Doch diesen „Enttäuschungen" werden wir noch näher auf den Grund gehen und letztlich erkennen, dass sie in Freude und Jubel verwandelt werden, wenn wir das Werk unseres Herrn Jesus näher kennen lernen und folglich mehr und mehr verstehen *(siehe Matthäusevangelium 5, Vers 1 – 12)*.

Wir leben in einer Zeit der Bosheit. Der Apostel Paulus spricht von geistlichen Mächten der Bosheit *(siehe den Brief an die Epheser 6, Vers 12)*. Doch wenn wir diese Bibelstelle weiter verfolgen, erwähnt Paulus nunmehr, dass wir aus eigener Kraft, bedingt durch die Gnade Gottes in unserem Glauben in der Lage sein werden, diese Bosheit von uns abzuwehren, ja nicht weiter an uns herantreten zu lassen, da wir mit der Liebe Christi (dem Schild des Glaubens) imstande sein werden, menschliche Bosheit zu überwältigen, ja zu besiegen *(siehe den Brief an die Epheser 6, Vers 13 – 16)*. Wer an unseren Herrn Jesus glaubt, bekommt die Kraft Gottes zugesandt, welche nochmals beweist, dass die Gnade des Herrn in einer unübertrefflichen Art und Weise für Seine Kinder sorgt. Es ist mehr als ein Geschenk, welches der Herr uns mit Seinem Sohn überreichte. Dieser Segen beinhaltet unser Lebensheil, all unsere Freude und sämtliche Hoffnungen, die wir behutsam und voller Dank in die barmherzigen Hände des Allmächtigen Gottes legen, denn Er wird für uns sorgen *(siehe der erste Brief des Petrus 5, Vers 6 + 7)*.

Kommen wir zurück auf die Wichtigkeit der soeben angesprochenen Worte des *Matthäusevangeliums 5, Vers 1 – 12, der Bergpredigt,* um den Charakter dieser Bibelzitate zu erläutern. Unser Heiland Jesus Christus sprach diese Worte zu Seinen Jüngern. Um deren Sinn und Wirkung zu begreifen, müssen wir diese überdenken, um sie in unsere Herzen aufnehmen zu können. In Anbetracht dessen möchte ich die Bergpredigt zuerst wortgetreu mit den Worten der Bibel niederschreiben, um deren Sinn und Botschaft im Anschluss mit meinen eigenen Worten und Gedanken zu zitieren:

Vers 1:
Als er aber die Volksmengen sah, stieg er auf den Berg; und als er sich gesetzt hatte, traten seine Jünger zu ihm.

Vers 2:
Und er tat seinen Mund auf, lehrte sie und sprach:

Vers 3:
Glückselig die Armen im Geist, denn ihrer ist das Reich der Himmel

Vers 4:
Glückselig die Trauernden, denn sie werden getröstet werden

Vers 5:
Glückselig die Sanftmütigen, denn sie werden das Land erben

Vers 6:
Glückselig, die nach der Gerechtigkeit hungern und dürsten, denn sie werden gesättigt werden

Vers 7:

Glückselig die Barmherzigen, denn ihnen wird Barmherzigkeit zu teil werden

Vers 8:

Glückselig, die reinen Herzens sind, denn sie werden Gott sehen

Vers 9:

Glückselig die Friedensstifter, denn sie werden Söhne Gottes heißen

Vers 10:

Glückselig die um der Gerechtigkeit willen Verfolgten, denn ihrer ist das Reich der Himmel

Vers 11:

Glückselig seid ihr, wenn sie euch schmähen und verfolgen und alles Böse lügnerisch gegen euch reden um meinetwillen

Vers 12:

Freut euch und frohlockt, denn euer Lohn ist groß in den Himmeln, denn ebenso haben sie die Propheten verfolgt, die vor euch waren

Der Sinn und die Botschaft zu:

Vers 1+2:

Jesus beginnt die Bergpredigt mit den Seligpreisungen. Diese repräsentieren die Hilfestellungen des wahren christlichen Denkens. Jene von Jesus Christus gewählten Worte, welche nun in Seiner Predigt folgen, geben den auserwählten Gottes (den Wiedergeborenen) innere Ruhe und Zufriedenheit, ja unbeschränkten Segen und die Hoffnung auf ewiges Leben - trotz der Unterdrückung, welche durch verschiedenartige, individuell aufkommende, auf einzelne Personen gerichtete Einflüsse auf den Gläubigen zukommen werden.

Bedingt durch den Glauben, der in der Form des Heiligen Geistes dem Menschen, der Gott sucht das Herz und somit die Worte dieser Botschaft begreifen und vereinnahmen lässt, ist dringend notwendig, um den Sinn dieser von Jesus gesprochenen Worte in das Herz aufzunehmen und bedingungslos zu glauben.

Möge der Herr noch vielen Menschen Seine barmherzige Gnade vermitteln!

Zu Vers 3:

Nach der Meinung des Autors kann man die Worte des Heilands in dieser Bibelstelle auf zweierlei Art deuten:

1. Diese Preisung wird *den Armen im Geist* ausgesprochen, was bedeuten kann, dass unser Heiland die geistlich unterernährten Menschen unter uns gemeint hatte. Ihnen ist das Denkvermögen und die geistige Klarheit vom Herrn nicht gegeben

worden. Dennoch sind diese Menschen in den Augen Gottes *bevorzugt und bekommen einen Platz in Seinem Himmelreich* – eine Bestätigung, die von uns bedingt durch die Gnade Gottes erst einmal erarbeitet werden bzw. vom Herrn geschenkt werden muss (Buße, Einsicht der von uns verursachten Fehlern…) um zu diesem vortrefflichen Ziel - *dem* Ziel des Leben zu gelangen, zu dem Himmelreich Gottes.

Oder:

2. Auch könnte unser Heiland in Vers 3 darauf hindeuten, dass Er mit *den Armen im Geist* diejenigen Menschen meint, welche ihre Hilfe zu den Worten Gottes noch suchen, indem sie selbst anerkennen, noch nicht in diese unabdingbare Gnade des Herrn (das Zukommen des Heiligen Geistes) gelangt zu sein (siehe die Erklärung in Vers 1+2). *Doch diese Suchenden bekennen, dass der Glaube und die Gnade Gottes in ihnen Besitz ergreifen muss, um das angestrebte Ziel mit der Gnade Gottes zu erreichen.*

Diese Menschen haben erkannt, dass:

Einerseits ihre eigene Arroganz ein übler Fehler ist.

Andererseits die von ihnen hoch gelobte Selbstbeachtung zur Aufgabe dieser „Tugend" zwingt, um den Willen des Herrn an ihren Personen erreichen zu können, um folglich Ihr Leben nach den Richtlinien Gottes zu leben.

Zu Vers 4:

Wer ein Leben als Christ bestreitet, der muss *gerüstet* sein, in Anfechtung zu fallen *(siehe der Brief an die Epheser 6, Vers 14 – 16)*. Diese Bestreitung der Glaubwürdigkeit beruht auf den Einflüssen, dahingestellt welcher Art auch immer, (äußerer / innerer zugefügter Schmerz) welche letztlich versuchen, diesen Christen vom rechten Weg abzubringen, was besagt, die Gemeinsamkeit mit Jesus zu unterbrechen, ja gänzlich zu zerstören.

Das Leiden, dass unser Heiland in Seinem Erdenleben durchleben musste, nimmt auch in ähnlichem Verpönen in unserem Leben einen Platz ein, was bedeutet, dass ein Christ um den Namen Jesu willen Leid ertragen muss. Einem Christen jedoch bleiben diese Leidenswege in seinem Dasein auf Erden nicht erspart. Aber im Gegensatz zu denjenigen Menschen, die Jesus Christus strikt ablehnen, wird der Christ am Tag der Wiederkunft Christi dank seines Glaubens mit großer Zuversicht (diese Entscheidung kann nur von Gott und Jesus Christus gefällt werden) im Himmelreich beheimatet sein - seiner Belohnung *(siehe Vers 4... denn sie werden getröstet werden)* - der Gegner oder Leugner Jesu jedoch wird die Bekanntschaft ewiger Pein erdulden müssen *(siehe die Offenbarung 20, Vers 10)*.

Zu Vers 5:

Unser Herr Jesus spricht in *Vers 5* über die Sanftmütigen. Doch wie kann man das Adjektiv „sanftmütig" erläutern? Zuerst einmal sollten wir, um diese Frage näher zu betrachten, einmal mehr auf unser eigenes Gemüt blicken. Generell, so kann man behaupten, ist der Mensch von Natur aus eher auf sich selbst bezogen, daher von sich überzeugt und leider nicht allzu *gütig, warmherzig, beruhigend oder gar entgegenkommend.* Jedoch führen diese soeben genannten Beschreibungen der Sanftmut den Menschen zur Seligkeit. Denn bei einem sanftmütigen Menschen sind die gerade genannten positiven Merkmale oder besser „Ausdrucksträger", die ihn auszeichnen, bekannt - und dementsprechend hervorzuheben.

Das Selbstwertgefühl ist wichtig, denn ohne die Eigenliebe könnten wir das höchste und größte Gebot, welches Herr Jesus wie folgt ausspricht, nicht in die Tat umsetzen:

Du sollst den Herrn, deinen Gott lieben mit deinem ganzen Herzen und mit deiner ganzen Seele und mit deinem ganzen Verstand. Dieses ist das große und erste Gebot. Das Zweite aber, ihm Gleiche, ist: Du sollst deinen Nächsten lieben wie dich selbst. An diesen zwei Geboten hängt das ganze Gesetz und die Propheten
(siehe Matthäusevangelium 22, Vers 37 – 40)

Wenn wir uns das größte und erhabenste Gebot unseres Heilands näher betrachten, fällt uns auf, dass wir *ohne ein gesundes Maß an Selbstwertgefühl (Eigenliebe)* die zwei größten Gebote *nicht ausführen können*. Doch leider wird dieses *„gesunde Maß"* von den Menschen häufig missbraucht, was bedeutet, dass der Mensch *sich selbst achtet und liebt, und demzufolge* wird sein Gegenüber mehr oder weniger apathisch in den *„Schatten"* gestellt.

Kehren wir nun wieder zurück zu unserem *Vers 5,* um den alles entscheidenden Zusammenhang dieser beiden Bibelstellen, die sich hervorragend ergänzen, noch einmal näher zu betrachten:

Ein von Sanftmut beseelter Mensch liebt und achtet seine Mitmenschen. *Diese Person hat die Grundwahrheit der biblischen Lehre anerkannt, vom eigenen hoch dekoriertem „Ich" hinabzusteigen zur Sanftmut, um nach den Richtlinien Gottes zu handeln.* Denn wer die Liebe Christi in seinem Herzen beheimatet hat, der versteht und vollführt dieses über alles erhabene Gebot unseres Herrn. In diesem größten Gebot liegt die gesamte Weisheit der Heiligen Schrift. Der vom Heiligen Geist beschenkte Gläubige erfährt durch die Worte der Bibel, wie man zur Sanftmut gelangt. Wiederum hat sich die Gnade und Barmherzigkeit Gottes diesem Christen angenommen. Der Christ handelt bedingt durch dieses grandiose Geschenk im Sinne der Heiligen Schrift und somit nach dem Willen des Allmächtigen Gottes.

Nur die Worte der Bibel deuten dem Suchenden den Weg zu der unwiderruflichen Gerechtigkeit Gottes.

Zu Vers 6:

Seit alters her lechzt der Mensch nach Gerechtigkeit. Er sehnt sich nach Liebe, Geborgenheit und einem festen Halt. Doch diese den Menschen bedingt durch die Gesetze Gottes vorgeschriebenen Anweisungen sind nur wenigen geläufig. Durch die Achtung der Worte Gottes entsteht beim Gläubigen dieser sehnliche Wunsch nach Zufriedenheit und Liebe. Früher oder später wird der Suchende einsehen müssen, dass die Gerechtigkeit unter den Menschen nur eine vergebliche Suche bleibt. Sie bleibt im Raum stehen, gleich einer nicht beantworteten Frage. Wie kann Gerechtigkeit in unserem Leben Einzug halten, wenn unser Herr Jesus die Aussage tätigt, das niemand

„gut" ist, als Gott allein *(siehe Lukasevangelium 18, Vers 18 + 19)*?

Darum müssen wir die Gerechtigkeit beim Höchsten suchen. *Nur* bei Ihm werden wir fündig. Wenn auch unsere irdische Existenz von Ungerechtigkeit geprägt ist, so liegt unsere unerschütterliche Hoffnung auf Jesus Christus. Er kennt all unsere Wünsche, Sorgen und Hoffnungen. Der Heiland wird uns diese Sehnsucht zukommen lassen. Wenn die Herrlichkeit Christi naht, dann werden Seine Auserwählten diese Begierde reichlich genießen können. Denn wo Gottes Liebe waltet, dort herrscht besiegelte Gerechtigkeit in Ewigkeit.

Zu Vers 7:

Bei diesem Bibelvers handelt es sich um die Barmherzigkeit. *Wohltätigkeit, Hilfsbereitschaft* oder auch die *Nächstenliebe* rückt den Ausdruck dieser Eigenschaft näher in den Vordergrund. Wenn ein Mensch diese Charaktereigenschaft besitzt, indem er diese positiv zu betrachtenden Fähigkeiten an andere weiterleitet, so wird er vom Herrn für die von ihm ausströmende Wohltat belohnt werden. Ein Christ benötigt diese wohltätige Gabe des Höchsten, um nach den Vorgaben Gottes das Leben im Hier und Jetzt zu bestreiten. Diese vom Herrn empfangene Barmherzigkeit wird dieser Person im Reich Gottes entsprechend zu Teil werden.

Zu Vers 8:

Jesus verspricht uns in diesem Bibelzitat, dass wir Gott sehen werden, wenn wir über diese Gabe verfügen. Menschen, welche ein reines Herzens besitzen, haben die *„Inneren benötigte*

Verbundenheit" zu den Gesetzen Gottes. Sie besitzen *ein mitfühlendes, aufrichtiges, ja reines Herz.* Es ist einfühlsam, entgegenkommend und verfügt somit über die von Gott beanspruchten Kriterien, die letztlich einen Christen innerlich wie auch äußerlich prägen. Dieser vom Herrn überreichte Segen hat das beschenkte Herz nach Gottes Vorgaben verwandelt. Das Herz dieses Beschenkten besitzt nun die benötigten Eigenschaften Gottes, um Ihn in der Ewigkeit schauen zu können.

Zu Vers 9:

Friedfertigkeit - eine weitere prägende Eigenschaft, die die Absicht Gottes an die Menschen deutet, die sich Seinem Willen fügen. Wenn wir den Inhalt der Heiligen Schrift aufmerksam verfolgen, so ist letztlich *das Leid* das an uns herantretende Resultat eines Friedensstifters. Wer nach den Vorgaben der Bibel sein Leben ausrichtet und entsprechend handelt, der wird oftmals bemerken, dass seine Gegenüber ihn nur verachtend belächeln oder mit beschimpfenden Worten abweisen.

Doch gerade die vollkommene Wahrheit, die wir *nur* von den Worten des Herrn in unserem Leben vereinnahmen *müssen,* gibt den Gegnern Gottes Anlass zu solch unakzeptablen Maßnahmen. Aber alleine der Glaube und die Bestätigung Gottes an unserer Person weist den Christen auf die Spur der unantastbaren Wahrheit. Die Absicht Gottes beinhaltet konstante Gerechtigkeit. Der Vorsatz, woraufhin sich der Gedanke eines Gläubigen bezieht, ist - nach den Worten der Bibel zu handeln - sprich: Frieden zu beanspruchen. Diese Zugehörigkeit ist es, die die Verbindung zu Gott und Jesus Christus fördert und letztlich die Vertrautheit zu Gott infolge der göttlichen Familienzugehörigkeit bestätigt.

Zu Vers 10:

In diesem Bibeltext beschreibt der Heiland diejenigen Menschen, welche um der Gerechtigkeit willen verfolgt werden. Jesus wusste allzu genau, wovon Er sprach, als Er diese Seligpreisung an Seine Jünger übermittelte, denn das Leben unseres Herrn war bedingt durch Seine Verfolger von Ungerechtigkeit gegenüber Seiner Person geprägt.

Jesus führte ein vollkommenes Leben, *ohne Fehler und ohne Sünde*. Er sprach immerzu von Liebe, verkündete uns das Evangelium - auch in Bezug auf des Alte Testament und ebnete mit Seinem Tod den Kindern Gottes den Weg in das Himmelreich. Der Heiland handelte stets nach dem Willen Gottes, Seines Vaters im Himmel, dennoch verachtet man Ihn.

In einem ähnlichen Sinne ist auch dieser Bibelvers für uns zu verstehen:

Auch Christen werden verfolgt, nicht aus eigener Schuld, sondern weil sie Kinder Gottes sind und nach Seinen Richtlinien ihr Dasein auf Erden ausüben. Christen müssen sozusagen für ihre Gerechtigkeit, die sie im Namen Gottes vollziehen, (unter dem Druck der anderen, sprich der Gegner Jesu) leiden.

Dieses „Leiden" jedoch ist den Christen wohlbekannt. Aber dieses „Erdulden" kennzeichnet einen wahren Christen und führt ihn mit großer Hoffnung zum Reich Gottes.

Mit Christus zu leiden bedeutet, dieses von äußeren Umständen zugekommene Leid als eine Ehre zu betrachten, diese Tatsache wird in den folgenden Versen 11+12 nochmals deutlicher hervorgehoben:

Zu Vers 11+Vers 12:

In Vers 11 spricht der Heiland von der Verfolgung der Gläubigen um Seines Namens willen. Dies wiederum bestätigt, dass unser Herr Jesus wusste, dass auch Seine Jünger dem Drangsal nicht entgehen würden, da sie von den Christenverfolgern verachtet und demzufolge gepeinigt wurden. Auch wir, die der Gemeinde Jesu angehören, können die von Jesus vorhergesagten Worte noch heute und garantiert auch in Zukunft genauestens nachvollziehen und bestätigen.

Im Kapitel: Bin auch ich in die Obhut Jesu Christi aufgenommen? (Seite 43 ff.) habe ich dieser Thematik bereits eine kurze Aufmerksamkeit geschenkt. Wie wir nun spätestens erkennen, bezieht sich dieser über 2000 Jahre alte Bibeltext unseres Herrn *(wie der gesamte Inhalt der Bibel, der noch früher verfasst wurde / Altes Testament) nicht nur auf die damalige Zeit und nicht nur für die Jünger des Heilands, sondern auf jeden Christen; völlig dahingestellt, um welches Zeitalter es sich auch immer handeln mag – kurzum: Die Worte der Bibel sind und bleiben in Ewigkeit aktuell, denn nur diesen Worten können wir unser vollstes Vertrauen schenken, denn diese wurden vom Schöpfer des Himmels und der Erde durchdacht: Vom Allmächtigen Gott.*

Das Wort Gottes weilt unter uns damals wie heute und ist somit jeder Blitznachricht, die über das Weltgeschehen in einem Nachrichtensender informiert, um Lichtjahre im Voraus.

Diese Gewissheit, ja Garantie ist es, die uns Christen trotz falscher, heuchlerischer und gegen die Richtlinien Gottes ausgesprochener und getätigter Aussagen dank unseres Glaubens stärkt. Ein Mensch, der sich in der Obhut des Herrn befindet, lebt in ewiger Geborgenheit - in permanenter himmlischer Überwachung! Dies bedeutet, dass wir, völlig dahingestellt, was die Gegner Gottes gegen uns anrichten, von Gott akzeptiert werden und folglich zu Seiner Gemeinde zählen. Ein wiedergeborener Christ ist auch nur ein Mensch. Auch er ist und bleibt ein ewiger Sünder. Jedoch hat diese von Gott auserwählte Person den Geist Gottes in sich beheimatet, was bedeutet, dass dieser Mensch *seine eigen verursachte Sünde erkennt* und diese *vor dem Herrn im Gebet mit Buße und Reue andachtsvoll bekennt.*

Sprich - dieser Auserwählte hat den Drang der innerlichen Entschlossenheit und damit den unbedingten Willen, seinen Lebenswandel auf den Grundstein Jesus Christus zu lenken! Dieser Mensch kann nicht weiterhin sündigen, ohne Reue zu zeigen, denn diese ist weder ihm noch seinem Herrn würdig!

Dieser Entschluss kennzeichnet, dass der Mensch, der den Heiligen Geist Gottes empfangen hat, Christus ähnlicher wird. *Wie sonst sollte dieser Bekehrte eine solche Wandlung zur Ehre des Herrn an sich „ergehen" lassen, für Christus zu leiden?* Ein wiedergeborener Christ nimmt diese freudige Nachricht auf, die uns zum Jubeln veranlasst, für unseren Herrn und Erlöser Jesus zu leiden.

Diese Verfolgten halten Gott und Jesus die ewige Treue. Das ist wahre Freude im Namen Jesu Christi.

Nun sind wir in der Lage, zu begreifen, was Jesus damit meint, *(Freut euch und frohlockt.../ Vers 12)* wenn Er mit den Worten dieses Bibeltextes zu Seinen Kindern spricht.

Dieses Wohlgefühl kann *nur* von einem wiedergeborenen Christen wahrhaft ausgelebt und auch ausgeführt werden.
Um die Klarheit und Wichtigkeit *des Matthäusevangeliums 5, mit den Versen 11+12* nochmals herauszukristallisieren, möchte ich an dieser Stelle ein weiteres Bibelzitat hinzufügen, um

deren unmissverständliche Worte, welche sich perfekt zu den eben erwähnten *des Matthäusevangeliums* anschmiegen, wie folgt niederzuschreiben und zu zitieren:

Die Bibel erklärt uns diese Gewissheit wie folgt:

Ich habe euch, Väter, geschrieben, weil ihr ihn erkannt habt, der von Anfang an ist. Ich habe euch, Jünglinge, geschrieben, weil ihr stark seid und das Wort Gottes in euch bleibt und ihr den Bösen überwunden habt. Liebt nicht die Welt noch was in der Welt ist. Wenn jemand die Welt liebt, so ist die Liebe des Vaters nicht in ihm; denn alles, was in der Welt ist, die Lust des Fleisches und die Lust der Augen und der Hochmut des Lebens, ist nicht von dem Vater, sondern ist von der Welt. Und die Welt vergeht und ihre Lust; wer aber den Willen Gottes tut, bleibt in Ewigkeit.
(siehe der erste Brief des Johannes 2, Vers 15 - 17)

Die „irdische Welt", in der wir uns momentan aufhalten - und die „Welt Gottes" befinden sich auf einem sehr unterschiedlichen Niveau. Einerseits auf dieser, für uns Menschen typischen Welt - andererseits die Welt in der Betrachtung des Höchsten. Diese zwei Welten können nicht miteinander harmonisieren, denn diese haben keinen Bezug zueinander. Insofern können wir nun an diesem Bibelzitat Folgendes erkennen:
Die Liebe zu der Welt, in der wir leben, gleicht in keiner Weise den Ansichten Gottes. Das, was die Welt uns Menschen zu bieten hat, kann man in diesen Bibelversen als *die Lust des Fleisches und die Lust der Augen und der Hochmut des Lebens (Vers 16)* betiteln. Verstehen könnte man diese drei nicht gerade positiven Eigenschaften in unserer vergänglichen Welt als die von Menschen angestrebten Ziele, die dem Allmächtigen

Gott völlig fremd und daher für Ihn bedeutungslos sind. Diese Worte sind von Sünde geprägt und daher Gott zuwider.

Menschen fiebern nach ihren Sehnsüchten, die sie sich so dringend wünschen; dahingestellt, ob es sich um materielle, fleischliche oder an der eigenen Person hervorzuhebende Dinge handelt, indem sich der Mensch selbstsüchtig in den Vordergrund stellt und die soeben genannten Begierden auslebt. Diese menschlichen Wünsche jedoch beziehen sich alle auf irdische Dinge, die vergänglich sind. Sie begleiten uns, vielleicht durch unser Leben oder durch einen Lebensabschnitt, jedoch sind diese Bedürfnisse aber keinesfalls errettend, ganz zu schweigen im Sinne Gottes. So wie die Gegner Gottes und Jesus Christus deren Feinde sind, so sind diese weltlichen Gelüste die Feinde und Zerstörer der Menschen. Sie weisen uns auf eine falsche Fährte, die zwar, so denkt man, unser Leben bereichert. Doch in Wahrheit entfernen wir uns von Mal zu Mal aus der Sphäre Gottes. Anstelle, dass wir uns mit den Dingen des Höchsten befassen, entziehen wir uns Seiner Liebe und entfernen uns von Ihm. Damit erklärt sich, was der Bibeltext uns mitteilen will:

…ist nicht von dem Vater, sondern ist von der Welt. Und die Welt vergeht und ihre Lust, (jetzt aber prägt Johannes das alles Entscheidende…) *wer aber den Willen Gottes tut, bleibt in Ewigkeit (Vers 16+17).*

Ein aus der Gnade Gottes beschenkter Mensch hat die Richtlinien des Schöpfers erkannt, wofür, warum und weshalb er das Licht der Welt erblicken durfte:

Um nach diesen Anforderungen, die Gott der Herr *an alle Menschen richtete,* (*der* Wille Gottes) das von Ihm geschenkte Leben auszurichten. Gott zu verherrlichen, bedeutet für ihn, das wahre Leben ausschöpfen zu können, *ohne* nach den *„Begier-*

den menschlicher Genüsse Ausschau zu halten". Für diese Person ist es eine Ehre nach den Vorgaben Gottes zu leben, um eine nie vergehende Hoffnung in seinem Inneren jeden Tag erneut zum Vorschein kommen zu lassen: *in die Gemeinschaft des Höchsten für die Ewigkeit aufgenommen zu werden, dem gewollten und beabsichtigten Ziel eines jeden Christen.*

Ein Fazit:

Wer an Jesus Christus sein Leben orientiert, wer Ihm bedingungslos vertraut und das Leben nach Seinen Kriterien ausrichtet, der wird mit einer immerwährenden Besänftigung in Form von Wissen, Hoffnung und der daraus resultierenden, niemals endenden Liebe zum Heiland das Leben auf Erden und in Zukunft bestreiten können. Eine neue Liebe und ein neuer Mensch ist entstanden, (siehe der zweite Brief an die Korinther 5, Vers 17 – 19) der an der Gemeinschaft Gottes festhält, ohne zu zweifeln, denn Gewissheit ist dem Gläubigen sicher. Ein vom Heiligen Geist beschenkter Christ ist in die Ewige Obhut des Herrn aufgenommen. Niemand kann ihn aus den gnadenreichen Händen von Gott und Jesus Christus rauben *(siehe Johannesevangelium 10, Vers 28 – 30* / Erklärung im vorliegenden Buch Seite 61 ff.).

Denn:

Was der Herr und Sein Sohn einmal gefestigt an sich genommen haben, kann Ihnen niemand mehr entnehmen. Die Worte der Bibel vermitteln diese unwiderrufliche Bestätigung Gottes an diejenigen, die Ihn mit einem aus dem Herzen entsprungenen Glauben ehren und für alle Zeit lieben.

Jesus Christus - der Anbeginn und die bleibende Hoffnung ewigen Lebens

Um die Wichtigkeit unseres Herrn und Erlösers Jesus Christus näher zu durchleuchten, bedarf es weiteren Argumenten aus dem Buch der Bücher - der Bibel.

Der Brief an die Kolosser klärt uns über die erhabene Persönlich- und Wichtigkeit, gleich wie der gesamte Inhalt des Neuen Testaments, auf. *Alle verfassten Worte des Neuen Testaments beziehen sich auf einen dahinströmenden Kernpunkt:*

Auf unseren Heiland Jesus Christus.

Der Apostel Paulus jedoch hebt in dem Brief an die Kolosser die Verheißung, und die damit verbundene Wohlgestalt der Person Christi in den Vordergrund. Am Anfang dieses von Paulus verfassten Briefes wird diese Prägnanz von Jesus Christus als der *bestimmende Hauptfaktor* beispielhaft impliziert. Diesem Thema wollen wir uns zunächst einmal widmen, um den erlesenen Anmut und Glanz der Person Christi in der Bedeutung Seiner Wichtigkeit nochmals prägend hervorzuheben.

Widmen wir uns nun gemeinsam den Worten des Paulus, um die erhabenen Geschenke, die Jesus unserem Leben unterbreitet, in unserem Herzen dankbar aufzunehmen:
Siehe den Brief an die Kolosser 1, Vers 9 – 23:

Vers 9:

Deshalb hören auch wir nicht auf, von dem Tag an, da wir es gehört haben, für euch zu beten und zu bitten, damit ihr erfüllt sein mögt mit der Erkenntnis seines Willens in aller Weisheit und geistlicher Einsicht,

Vers 10:

…um würdig des Herrn zu wandeln zu allem Wohlgefallen, in jedem guten Werk Frucht bringend und wachsend durch die Erkenntnis Gottes,

Vers 11:

…gekräftigt mit aller Kraft nach der Macht seiner Herrlichkeit, zu allem Ausharren und aller Langmut mit Freuden;

Vers 12:

…danksagend dem Vater, der uns fähig gemacht hat zu dem Anteil am Erbe der Heiligen in dem Licht,

Vers 13:

…der uns errettet hat aus der Gewalt der Finsternis und versetzt hat in das Reich des Sohnes seiner Liebe;

Vers 14:

…in dem wir die Erlösung haben, die Vergebung der Sünden;

Vers 15:

…der das Bild des unsichtbaren Gottes ist, der Erstgeborene aller Schöpfung.

Vers 16:

Denn durch ihn sind alle Dinge geschaffen worden, die in den Himmeln und die auf der Erde, dich sichtbaren und die unsichtbaren, es seien Throne oder Herrschaften oder Fürstentümer oder Gewalten: Alle Dinge sind durch ihn und für Ihn geschaffen.

Vers 17:

Und er ist vor allen, und alle Dinge bestehen durch ihn.

Vers 18:

Und er ist das Haupt des Leibes, der Versammlung der der Anfang ist, der Erstgeborene aus den Toten, damit er in allem den Vorrang habe.

Vers 19:

Denn es war das Wohlgefallen der ganzen Fülle, in ihm zu wohnen

Vers 20:

…und durch ihn alle Dinge mit sich zu versöhnen – indem er Frieden gemacht hat durch das Blut seines Kreuzes-, durch ihn, es seien die Dinge auf der Erde oder die Dinge in den Himmeln.

Vers 21:

Und euch, die ihr einst entfremdet und Feinde wart nach der Gesinnung in den bösen Werken,

Vers 22:

…hat er aber nun versöhnt in dem Leib seines Fleisches durch den Tod, um euch heilig und unsträflich vor sich hinzustellen,

Vers 23:

…sofern ihr in dem Glauben gegründet und fest bleibt und nicht abbewegt werdet von der Hoffnung des Evangeliums, das ihr gehört habt, das gepredigt worden ist in der ganzen

Schöpfung, die unter dem Himmel ist, dessen Diener ich, Paulus, geworden bin.

Der Sinn und die Botschaft des Apostel Paulus an die Kolosser bzw. an alle Christen:

Zu Vers 9:

Am Anfang des Kolosserbriefes dankt Paulus Gott für den angenommen Glauben, welchen die Kolosser - dank der Verbreitung des Evangeliums Jesu Christi in deren Herzen tragen. Sie haben *das Wort der Wahrheit erkannt,* und demzufolge sind sie *von den Worten Gottes überzeugt,* um diese in ihren Herzen *zu bewahren* und *fruchtbringend (gewinnbringend) zu ernähren* und dementsprechend *zu entfalten (siehe der Brief an die Kolosser 1, Vers 3-7).*

Bezugnehmend auf den Vers 9 des gleichnamigen Paulusbriefes können wir nun erkennen, dass der Apostel für die Kolosser betet und bittet. Es ist die Hoffnung und gleichzeitig auch der bittende Wille des Paulus an Gott, dass die Erfüllung des Geistes Gottes sich ihrer annimmt. Diese Abwicklung *muss* vorhanden sein, damit sich der Wille Gottes an die gläubigen Kolosser bestätigt.

Seine Gebete und Bitten tätigte der Apostel Paulus stets für alle Gemeinden Gottes, die er missioniert hatte, um das Evangelium des Herrn Jesus Christus zu predigen, sodass die Wirkung seiner vermittelnden Worte sich den Zuhörern in deren Geist und folglich in deren Herzen mit der Erkenntnis und der daraus *resultierenden, beständigen Wirkung des Glaubens an die Worte Gottes entfalten konnte.*

Zu Vers 10:

Vers 9 und Vers 10 stehen im Zusammenhang zueinander, sodass Paulus die von ihm gesprochenen Worte *miteinander verknüpft.*

Zuerst spricht er in Vers 9 von der Erfüllung des Glaubens, die in Verbindung mit der Gnade Gottes entsteht, das heißt, dass der Glaube sich mit der Gnade Gottes vereinen muss, um zur Frucht reifen zu können - oder besser ausgedrückt, zur Tat oder ans Werk zu schreiten. In *Vers 10* jedoch gibt der Apostel Auskunft, dass der Glaube allein es den Christen gewährt, zu allem Wohlgefallen (Zufriedenheit / Sympathie) Gottes das Leben, dank der vom Herrn geschenkten Einsicht Seiner Gnade zu begehen.

Gott will mit dieser Absicht uns ein Leben nach Seinen Vorstellungen schenken, was darauf hinweist, *dass nunmehr das von uns geführte Leben nach Seinen für uns vorgesehenen Bestimmungen geführt wird.* Es ist die Absicht des Herrn, uns zu dieser Lebensaufgabe *hinzuführen,* weil der Gläubige Ihm *bekannt hat,* das eigene Leben *dem Willen Gottes unterzuordnen,* um es fortan effektiv und gewinnbringend im Sinne Gottes zu begehen.

Um die Worte Gottes näher und tiefgreifender zu erfahren, ist das „Gesamtkonzept", sprich der Inhalt der Bibel von großer Bedeutung, um in *diese Phase des Glaubens* „eintreten" zu können. Paulus weist mit seiner Argumentation auf das: ... *wachsend durch die Erkenntnis Gottes...* hin.

Diese prägnanten Worte des Apostels drücken aus, dass das Wort Gottes durch hinterfragen getätigt werden muss - sprich:

Man muss sich mit dem Inhalt der Heiligen Schrift auseinandersetzen, um zu diesem erhabenen Ziel zu gelangen.

Eine Erklärung:

Nur wenn der unabdingbare Wille des Suchenden vorhanden ist, um in diese Erkenntnis der Worte Gottes zu gelangen, so wird sich folglich die *fruchtbringende und die daraufhin resultierende Erkenntnis dem Suchenden offenbaren*. Paulus deutet darauf hin, dass eine gewisse Grundkenntnis „biblischer Bildung" vorhanden sein muss, um zu diesem Ergebnis der Erkenntnis zu gelangen.

Zu Vers 11:

Paulus möchte uns in diesem Vers weiterleiten ...*an die Kraft nach der Macht seiner Herrlichkeit*...

Der Apostel macht uns darauf aufmerksam, dass wir selbst *nicht imstande sind, diese von Gott geschenkte Weisheit aus eigener Kraft umzusetzen*. Diese *muss uns vom Herrn geschenkt* werden, um sie erfolgreich mit ihrer „Gesamtstruktur" zu erkennen und auszuleben. Erkennen - bezüglich auf das wir die Macht Seiner (Jesu) Herrlichkeit näher erfahren; einem Geschenk, welches uns Gott allein offenbart.

Weiterhin spricht der Apostel von ... *zu allem Ausharren und aller Langmut mit Freuden*...

Bewährung im Glauben ist erforderlich - ja zwingend notwendig, um zu diesem „glaubenden Grundsatz" zu gelangen. Die Wurzel des Glaubens muss in fruchtbarem Boden gedeihen, um sich wachsend entfalten zu können. Die *sprichwörtliche Bewährung* in einem christlichen Leben ist in diesem Satzteil des Apostels zu verstehen. Dies bedeutet, dass wir bedingt durch die von Gott an uns erwiesene Gnade zum Ausharren bemächtigt werden und somit voller Geduld die „Prüfungen Gottes" in unserem Leben ertragen. Wer diesen Glauben im

Herzen trägt, der wird an den Worten Gottes stets festhalten, ohne wankelmütig zu werden.

Ein unbeirrbarer Glaube an unseren Herrn Jesus prägt den Gläubigen zu solch standhaften Maßnahmen.

Zu Vers 12:

Paulus weist die Gläubigen darauf hin, nicht zu vergessen, *wer* sie zu diesen „standhaften Maßnahmen" geleitet hat. Allzu oft vergessen oder besser ausgedrückt vernachlässigen wir diese dringende Aufforderung des Paulus: *Das Danken.*

Dank ist der Beweis, dass wir Gott für Sein gnadenreiches Erbarmen an uns täglich im Gebet zukommen lassen müssen - erst recht für Sein größtes Geschenk an uns: Jesus Christus.

Diese Befähigung, die Worte Gottes als solche erfassen zu können, setzt voraus, dass der Herr uns zu diesen Glaubensschritten geleitet hat. Einzig und allein unser Herr Jesus bevollmächtigt Seine auserwählte Gemeinde zu solch gnadenreichen Maßnahmen. *Alles geschieht nur von und durch Ihn. Nur durch diesen Willen Gottes werden Seine Auserwählten dazu bemächtigt, unseren Heiland im Himmel schauen zu können.*

Unser Leben besteht im eigentlichen Sinne *nur aus Dankbarkeit zu Gott und Jesus Christus* - völlig dahingestellt, wie die Situationen über unsere irdische Existenz auch immer verfügen.

Wir haben nichts zu erwarten, beharren aber stets auf unsere einzige Hoffnung:

Diese beruht in Ewigkeit auf Jesus Christus, unserem Erlöser.

Zu Vers 13:

Nun erhält der Dank des Apostels eine nochmals eindeutige und folglich in den Vordergrund zu hebende Präsenz. Mit dieser Aussage spricht Paulus den Dank, den Gott den Gläubigen erwiesen hat, *indirekt* an.
Der Allmächtige hat Seine Kinder ... *aus der Gewalt der Finsternis errettet... und versetzt in das Reich seiner Liebe...*
Alle Menschen, so konnten wir bereits feststellen, sind und bleiben ewige Sünder, an dieser unumstößlichen Wahrheit wird auch ein gläubiger Christ niemals ausgeschlossen sein. Dieses „Weitervererben" der Sünde, ausgegangen von Adam und Eva belastet permanent unser gesamtes Dasein auf Erden. Generell gesehen sind wir somit „Söhne und Töchter" des Bösen, beheimatet in der von Paulus angesprochenen Finsternis.

Was wären wir ohne die Person Jesu Christi? *Ein in Finsternis beheimatetes und bleibendes Volk ohne jegliche Hoffnung auf eine Verbesserung unserer Lebensqualität - weder jetzt, geschweige denn in der Zukunft.*

Wir sind in diese Situation hineingeboren und können von unserer eigenen Kraft aus nicht anders als „sündig handeln". Selbst wenn wir nach unseren Maßstäben „Gutes" vollbringen, so bleiben wir dennoch in den Augen Gottes verruchte, sündige Wesen. Um unsere Erlösung überhaupt gewährleisten zu können, musste Gott handeln, ansonsten blieben wir in ewiger Verdammnis.

Wir würden leben ohne Liebe, ohne Hoffnung, ohne jegliche Perspektive einer Verbesserung - das Leben hätte den Grund der Existenz für immer verloren.

Da der Allmächtige Gott aber die Menschen liebt, sandte Er uns Seinen schon vor der Welt existierenden Sohn zu uns auf die Erde, indem Er sich in der Person Christi verwirklichte, um uns aus dieser Finsternis herauszuholen - an das Licht der Hoffnung, die Jesus Christus jedem gewährleistet, der Ihm das Herz in Buße aufrichtig schenkt. Wer Ihm nachfolgt, der wird das Licht der Welt erblicken. Die geistliche Gemeinsamkeit zwischen den Gläubigen und Gott hat stattgefunden. Ein weiteres Kind wurde in die Obhut des Heilands aufgenommen.

Was für ein grandioses, nicht mehr zu überbietendes Geschenk des Höchsten an diejenigen, die Ihn von ganzem Herzen lieben! Liebe kann nur dort ansässig sein, wo Gott und Jesus Christus beheimatet sind.

Zu Vers 14:

Nun beweist Paulus seine tiefgreifende Liebe zu Jesus Christus - die jedoch ihren Ursprung in der Person Jesu Christi widerspiegelt.

Ohne unseren Heiland könnte diese Liebe, die Paulus, sowie auch wir als treue Schüler des Heilands, die Ihm täglich als Christen unsere Liebe im Gebet bestätigen, niemals existieren.

Diese von immenser Wichtigkeit geprägte Voraussetzung ist der Anbeginn unserer Errettung; der Anbeginn der Liebe.

Ohne die von Jesus ausgehende, prägnante Liebe zu uns Menschen wäre eine Erlösung durch eigene - sprich eine von uns ausgehende Kraft, die diese Erlösung bewirken würde, undenkbar. *Jesus liebte uns so sehr, dass Er das von unserer*

Sünde belastete Leben am Kreuz auf sich nahm, um uns den Eintritt in Sein Reich zu gewährleisten. Der sündenfreie Heiland hat die Last der von uns verursachten Sünden auf Ewigkeit beglichen.

Zu Vers 15:

In diesem Bibelvers spricht Paulus von Jesus, ... *der das Bild des unsichtbaren Gottes ist, der Erstgeborene aller Schöpfung...*
Wie ich bereits im *Vers 13* erwähnte, verwirklichte sich der Allmächtige Gott in der Person Seines Sohnes Jesus Christus, als Er entschied, in der Gestalt eines Menschen (Jesus Christus) zu uns auf die Erde zu kommen. Demzufolge ist der Heiland das Bild des unsichtbaren Gottes, denn Gott ist Geist *(siehe nochmals Johannesevangelium 4, Vers 24).*
Dennoch können wir, wenn wir Jesus sprechen hören, erfahren, dass Er Folgendes preisgibt:

Wer mich gesehen hat, hat den Vater gesehen...
(siehe Johannesevangelium 14, Vers 9)

Das ist die Aussage, die Paulus uns in diesem Bibelvers mitteilen möchte, dass Jesus *das Bild des unsichtbaren Gottes ist.*
Jesus ist der Erstgeborene aller Schöpfung. In der Offenbarung gibt der Heiland Auskunft über Seine Heiligkeit, indem Er Folgendes spricht:

Ich bin das Alpha und das Omega, der Anfang und das Ende
(siehe Offenbarung 21, Vers 6)

Mit Gott zugleich war Jesus Christus noch vor Beginn der Welt anwesend. Der Heiland war mit Seinem Vater vor aller Schöpfung und besitzt die unwiderrufliche Bevorzugung Gottes vor allem. Er ist von Ewigkeit her zu Ewigkeit der Sohn des lebendigen Gottes. Somit besitzt Jesus Christus die unbestreitbare Priorität Seines Himmlischen Vaters, dem Schöpfer des Himmels und der Erde.

Zu Vers 16:

Der Apostel Paulus beschreibt in dieser Bibelstelle die von unserem Herrn Jesus vollbrachten Werke. Diese bedeutungsvolle Erklärung des Paulus weist uns nochmals darauf hin, dass *durch* den Heiland *alle Dinge geschaffen wurden, die in den Himmeln - und die auf der Erde.* Infolgedessen ist es völlig korrekt zu behaupten, dass der Allmächtige Gott und unser Herr Jesus Christus *gemeinsam* die Schöpfer des Himmels und der Erde sind, denn Ihre Anwesenheit war von Anfang an - noch vor dem Beginn der Welt an, präsent *(siehe Mose 1, Vers 26* - man beachte in diesem Bibelzitat Gottes das Wort *uns)* Diese Aussage konkretisiert ein weiteres Mal allzu deutlich, dass der Allmächtige Gott und der Heiland Jesus Christus noch vor Beginn der Schöpfung existierten.

Weiterhin spricht Paulus von *sichtbaren und unsichtbaren Dingen,* weiterhin von *...Thronen oder Herrschaften, Fürstentümer oder Gewalten. Alle Dinge sind durch ihn und für ihn geschaffen.*

Somit ist Jesus nicht nur der Schöpfer, sondern auch der „Konstrukteur" Seiner eigenen Schöpfung. Er hatte die konkrete Vorstellung, wie Seine Werke von Ihm gestaltet werden sollten und führte Sein eigenes Motiv letztlich zur Vollendung der Schöpfung. Diese „Begründungsstruktur" beruht nach den

Aussagen des Apostels auf *sichtbaren und unsichtbaren Dingen.* Ein Blick aus dem Fenster genügt, um die *sichtbaren Dinge,* die unser Herr Jesus uns schenkte, wahrzunehmen.

Die unsichtbaren Dinge, welche Paulus mit *Throne, Herrschaften, Fürstentümer oder Gewalten* benennt, drücken nach Meinung des Autors die von unserem Heiland vollzogenen Berufungen an uns aus, die Gläubigen - konkreter ausgedrückt:

Seine Angehörigen, welche die Gemeinde Seines Reiches auf Ewigkeit ergründen. Alle Lebewesen sind für und durch Ihn erschaffen worden. Er ist der Herr und Schöpfer von allem. Die Priorität des Heilands ist folglich unantastbar - unfehlbar.

Zu Vers 17:

Paulus drückt an dieser Stelle die Fortsetzung der Ehre Jesus von *Vers 13* aus. Der Heiland ist der Beginn, der den obersten Vorrang vor allem hat. Alle Dinge bestehen nur bedingt durch den Willen des Heilands. Um die Aussage des Apostels zu verdeutlichen:

Jesus Christus ist das seit Ewigkeit existierende Laufwerk, der die Welt in Bewegung brachte. Souverän geplant, nach Seinen Vorstellungen, welche den konstanten Ablauf des Weltgeschehens tagtäglich aufweist. Ohne Jesus Christus könnten wir nichts tun *(siehe wiederum Johannesevangelium 15, Vers 5).*

Zu Vers 18:

...Und er ist das Haupt des Leibes, der Versammlung, der Anfang ist, der Erstgeborene aus den Toten, damit er in allen den Vorrang habe.

Paulus betont, dass Christus der Beginn (Anfang) - und gleichzeitig auch das Haupt des Leibes und der Versammlung ist. Nur durch unseren Heiland kann man in die Liebe Seiner Anwesenheit zur Gemeinde reifen, indem wir Ihn verehren, nachfolgen und Jesus mit dieser Ehrerbietung das eigene Leben vertrauensvoll mit voller Hingabe schenken. Christus umfasst den Leib (das Haupt des Leibes) der Gemeinde, denn Jesus ist das prägende Oberhaupt. Durch die von Jesus ausströmende Liebe prägt Er die Gemeinde Gottes als ihr unantastbares Vorbild zur Nachahmung.

Weiterhin spricht der Apostel von der „Prioritätseinstufung" der Person Christi. Dies bedeutet, dass Jesus Christus *über allem den Vorrang hat,* was nochmals verdeutlicht, dass Er das Oberhaupt der Gemeinde Gottes ist. Unser Heiland war der Erste, der von den Toten auferstand, *um folglich nicht noch einmal sterben zu müssen, sondern weiter zu herrschen in Ewigkeit, um uns eine Stätte vorzubereiten (siehe Johannesevangelium 14, Vers 1 – 4).*

Zwar schenkte unser Heiland, um es an *einem* Beispiel zu verdeutlichen, dem Lazarus ein zweites Leben auf Erden, indem Er ihn von den Toten auferweckte *(siehe Johannesevangelium 11, Vers 7 – 44),* jedoch musste auch Lazarus sein Leben auf Erden mit dem Tod hinnehmen, als er Abschied (wie jeder andere Mensch auch) von dem irdischen Dasein nahm, um von Jesus am Tag Seiner Wiederankunft erneut auferweckt zu werden! (Diese Bemerkung sei am Rande erwähnt für die aufmerksamen Bibelleser, um den Unterschied, der im *Johannesevangelium 14, Vers 1 – 4* deutlich hervorgehoben wird, zwischen dem erhabenen Sohn Gottes und uns „normalen" Menschen nochmals zu konkretisieren!)

Das Sterben Christi am Kreuz von Golgatha galt nur *dieser, unserer Errettung,* damit wir Ihm als Seine Auserwählten in das *Himmelreich folgen können (siehe den Brief an die Hebräer 9, Vers 27+28).*

Dieser Bibelvers weist den Leser mit aller Deutlichkeit auf Folgendes hin:

Ohne die Auferstehung unseres Heilands hätte unser Glaube keinerlei Sinn. Er wäre zwecklos, vergeblich – ja, in der Tat völlig umsonst.

Um diesen voller Wichtigkeit zitierten Worten noch näher auf den Grund zu gehen, werden wir nunmehr förmlich aufgefordert, ein weiteres Mal die Worte des wohl gläubigsten Menschen, der je das Erdreich betreten hat, zu zitieren, wenn der Apostel Paulus nun folgende Worte im *ersten Brief an die Korinther 15, Vers 13+14 wie folgt preisgibt:*

Wenn es aber keine Auferstehung der Toten gibt, so ist auch Christus nicht auferweckt; wenn aber Christus nicht auferweckt ist, so ist also unsere Predigt vergeblich, vergeblich auch euer Glaube.

Wenn die Auferstehung unseres Herrn Jesus *nicht* stattgefunden hätte - so wäre unser Glaube vergeblich. Gleichfalls wäre die Predigt des Paulus ohne Sinn, einfach nur hoffnungslos. Jesus selbst gab Seinen Jüngern bekannt, dass Er am dritten Tag (Ostersonntag) auferstehen würde *(siehe Markusevangelium 9, Vers 31).* Wenn sich diese Aussage unseres Heilands nicht bewahrheitet hätte, so könnten wir dem Herrn der Welt kein Vertrauen schenken - demzufolge wäre unser Glaube umsonst.

Nun frage ich Sie, liebe Leser, wenn wir Jesus Christus nicht unser vollstes Vertrauen schenken würden, wo liegt da noch ein Grund zu unserer weiteren Existenz? Würde es sich überhaupt noch lohnen weiterhin an diesem irdischen Leben festzuhalten? Wo bliebe unsere einzige Hoffnung, die doch stets bei einem Christen auf Jesus Christus beruht? Was geschieht mit uns, mit denjenigen Gläubigen, die doch so sehr auf die Erlösung des Heilands hofften?

Exakt diese Mitteilung will uns der Apostel Paulus in dem Abschnitt des 1. Korintherbriefes an dieser Stelle unterbreiten. Durch die Auferstehung unseres Herrn besiegelte der Allmächtige Gott das „Jawort" zu diesem für uns zum Wohl dienenden Gedanken, Seinen Sohn für uns hinzugeben, um unsere Buße mit Seinem teuren Blut zu erkaufen – zu unserer Errettung!

Ein Zwischenfazit:

Diese und allein nur *diese* Argumentation beinhaltet die Tatsache der Auferstehung der Person Jesus Christus. Sie dient einzig und allein nur unserem Heil!
Dies war der Grund und der alles entscheidende Sinn der Selbstverwirklichung Gottes in die Person Jesu Christi, Seinem geliebten Sohn! Das war der unumstrittene Wille des Allmächtigen Gottes uns, die Gläubigen zu erretten und zu erlösen!

An diesem und an keinen anderen Glauben müssen wir unser Leben orientieren, sonst ist in der Tat unser Glaube zwecklos!

Zu Vers 19:

Hier gibt Paulus preis, dass der Allmächtige Gott Wohlgefallen daran fand, in der Person Jesus Christus zu wohnen. Daher ist die Person Christi *die alles umfüllende Wichtigkeit, die Seine Person preisgibt.* Es gefällt dem Erhabenen Gott, auf *Ewigkeit* die Fülle Seiner Verwirklichung in Jesus zu bewahren. Gott will uns mit dieser Entscheidung in Sein Reich leiten.

Zu Vers 20:

Vers 19 verknüpft sich abermals mit *Vers 20*. Gott hat mit Seiner schon im Alten Testament beginnenden Entscheidung (*siehe das erste Buch Mose 3, Vers 15* / Erklärung in dem vorliegenden Buch auf Seite 22+23) Christus in die Welt zu senden, ein Vorhaben besiegelt, um sich mit uns, den Gläubigen zu versöhnen. Seine Gnade - in Verbindung mit unserem Glauben verhilft uns im Endeffekt zur Seligkeit zu gelangen. Demzufolge ist das Vorhaben Gottes gelungen (Gott ist unfehlbar), denn Er beabsichtigte mit der Selbstverwirklichung in die Person Jesus Christus *nicht* nur das „Wohnen auf Ewigkeit" in Christus, sondern Gott wollte die Versöhnung mit den Menschen in Vollendung formen, um unser Heil zu gewährleisten. Dies tat Gott, weil Er uns liebt und auf Ewigkeit bewahren will. Gottes Absicht ist es, uns mit dem Blut Seines Sohnes zu versöhnen. Damit stellt der Herr unsere angeborene Schuldhaftigkeit wieder in ein rechtes Licht - in das Licht Seiner unermesslichen Güte, die unserer Vergebung dient.

Zu Vers 21:

Die einstige Entfremdung, in der die gesamte Menschheit vor dem Tod Jesu Christi lebte, wurde mit dem Tod des Heilands am Kreuz von Golgatha für alle Zeit von dem Allmächtigen Gott vertilgt. Diese Aussage des Apostel Paulus weist uns darauf hin, dass wir einst ewige Sünder waren. Doch die Person Jesus Christus gewährleistete uns die Vergebung dieser an uns haftenden Plage, sodass wir als Auserwählte Gottes völlig ohne Sünde in Sein Reich einziehen können, wenn der Heiland Seine Kinder zu sich ruft. Denn wo Gott und Jesus beheimatet sind, dort existiert das Wort Sünde nicht, denn dort herrscht Friede und Herrlichkeit, in Ewigkeit.

Zu Vers 22:

Bedingt durch das Sterben am Kreuz von Golgatha erlitt unser Heiland einen menschlichen Tod. Dieser Inbegriff der Kreuzigung verhilft jedoch den Gläubigen letztlich zu der angestrebten Maßnahme, in das Reich Gottes aufgenommen zu werden. Dieser unwiderrufliche Wille Gottes bestätigt ein weiteres Mal, dass Seine Gnade zu uns nahezu grenzenlos ist. Wir sind hingegen verpflichtet von ganzem Herzen und von ganzer Seele an die Worte der Bibel zu glauben, um zu dieser Wohltätigkeit Gottes zu gelangen. Jesus ist somit der von Mitleid beseelte Herr uns Sündern gegenüber, der uns so sehr liebt, dass Er für uns leidet, um uns letztlich aus den Klauen der Tiefe mit Seinem gewaltsamen Tod am Kreuz zu befreien.

Doch es muss eine „Harmonie" zwischen Gott und den Gläubigen vorhanden sein, um zu dieser Maßnahme des Höchsten zu gelangen. Doch selbst dann muss sich die Gnade des Herrn an uns erkenntlich zeigen, sonst sind alle von uns getätigten

Bemühungen vergeblich (denken wir an das Vater unser: *...dein Wille geschehe, wie im Himmel, so auch auf Erden...siehe Matthäusevangelium 6, Vers 9 - 13*). Wenn wir jedoch eines Tages vor dem Richterstuhl Gottes stehen werden, dann wird uns allzu deutlich, dass sich *alle* Knie der Menschen vor unserem Retter und Erlöser Jesus Christus beugen müssen. Dann wird ein jeder unter uns von der vollkommen Wahrheit, die sich nur auf die Person Jesus Christus bezieht, vollauf überzeugt sein. Denn wo Er ist, dort herrscht vollendete Wahrheit.

Zu Vers 23:

Paulus weist am Ende dieses Verses auf seine schandhaft geprägte Vergangenheit hin, als er noch ein Christenverfolger war. Aber durch ein Licht (die Gestalt Jesu), welches Paulus auf der Reise nach Damaskus erschien, erhielt er die von Jesus benötigte Gnade, zur Umkehr zu gelangen *(siehe Apostelgeschichte 9, Vers 1 – 19)* - sprich: Ein Anhänger und folglich ein weiteres Mitglied des Herrn Jesus Christus zu werden.
Doch der Apostel Paulus beginnt diesen Bibelvers mit dem Wort „sofern". Sofern bedeutet: Wenn, - für den Fall,- vorausgesetzt, - insoweit usw.

Paulus möchte den Kolossern, sowie auch uns, den aufmerksamen Bibellesern die Hoffnung mit auf unseren Lebensweg geben, an einem standhaften Glauben für alle Zeit bedingungslos festzuhalten.

Diese Aufforderung, denn als solche kann man die Aussage des Apostels durchaus verstehen, müssen wir versuchen, näher in Betracht zu ziehen, um nicht einen Irrweg zu begehen, dies bedeutet, vom Glauben abzufallen. Als gläubige Christen begehen wir den Weg der zur bedingungslosen Wahrheit führt, denn wir glauben aus tiefstem Herzen die Worte der gesamten Bibel - diese Feststellung ist unsere Hoffnung, denn auf ihr basiert unser Glaube.

Doch ein wahrer Glaube beruht auf einer nicht wankenden Basis, was unwillkürlich darauf hinweist, dass der Glaube an die Worte Gottes *Kontinuität aufweisen muss.*

Ein wiedergeborener Christ jedoch hat bereits die Schattenseiten des Glaubens kennengelernt und kann sich nicht von seinem Glauben lösen - geschweige denn mindern, *denn er trägt die von Gott beschenkte Gnade in seinem Herzen, die ihn niemals zu einem anderen Gedankengang überreden lässt, als diese vom Herrn beschenkte Liebe zu Ihm jemals aufzugeben (siehe nochmals Johannesevangelium 10, Vers 17-30 /* Erklärungen in dem vorliegendem Buch Seite 61 ff.*).*

Die Warnungen Gottes sind somit eine vom Herrn *gewollte* Maßnahme, die den Gläubigen erkennen lassen, dass er vom rechten Weg - sprich, dass er sich von der Leitlinie Gottes entfernt hat. Der Gläubige erkennt diese Warnung des Höchsten als eine Art „Wink mit dem Zaunpfahl" und kehrt *in Bekennung der von ihm verursachten Fehler mit Buße zum Herrn schleunigst zurück.* Doch diese Warnungen stärken zugleich das Herz eines wiedergeborenen Menschen, denn die Zugehörigkeit zu Gott und Jesus Christus *besteht im Willen* dieser Gläubigen. Sein oberstes von Priorität gekürtes Lebensziel besteht darin, die Worte der Bibel als *lebensbestimmende Maßnahmen* zu betrachten. Er behandelt diese, gleich wie Gott sie für uns alle vorgesehen hat, *als Gesetze,* nicht als Empfehlungen.

Daher ist es zu vermuten, dass die Warnungen des Paulus durchaus den Atheisten zugedacht sind. Paulus erwähnt weiterhin, dass die Worte des Evangeliums an *alle* Menschen gerichtet sind, *nicht nur an einzelne Menschen.* Der Apostel sieht sich als einen Diener Gottes an, zu dem er durch die Gnade Jesu Christi auf seiner Reise nach Damaskus von ihm aus *ungewollt berufen* wurde. Die Gnade des Herrn Jesus hat Paulus bekehrt - welch ein grandioses Geschenk unseres Herrn!

Jesus Christus - unser Retter durch die Gnade Gottes an uns Menschen

Unser Heiland Jesus Christus existierte bereits schon vor dem Beginn der Welt, diese Tatsache wurde in dem vorliegenden Buch schon mehrfach erwähnt und auch erklärt. Hier in diesem Kapitel wollen wir uns einmal mehr darauf besinnen, welche barmherzige Gnade Gott *den* Menschen erteilt, die Sein Wort und den Sohn lieben, ehren und nach Deren Richtlinien das irdische Leben vollbringen.

Um das Vorhaben des Allmächtigen Gottes mit der Geburt Seines Sohnes zu erkennen, weist uns abermals die Bibel in die gnadenbringenden, nur für uns zum Wohl dienenden Gedanken Gottes hin. Diesen immens wichtigen Kernpunkt wollen wir nun gemeinsam betrachten und ausarbeiten, um dieses erhabene Geschenk des Herrn abermalig in unseren Herzen zu vertiefen.

Der Apostel Paulus spricht im *Brief an die Galater 4, Vers 4:*

…als aber die Fülle der Zeit gekommen war, sandte Gott seinen Sohn geboren von einer Frau, geboren unter Gesetz, damit er die, die unter Gesetz waren, loskaufte, damit wir die Sohnschaft empfangen.

Diese von Paulus erwähnten Worte weisen uns auf die Herrlichkeit unseres Heilands Jesus Christus hin. So, wie der Heiland vor Beginn der Welt existierte, so entschied sich der Allmächtige Gott, Seinen Sohn in der Gestalt eines Menschen, der

Seine Herrlichkeit besaß, an einem von Ihm festgelegten Zeitpunkt zu uns auf die Welt zu senden *(siehe Lukasevangelium 1, Vers 26 – 35)*.

Der Apostel geht in seiner Äußerung noch näher und tiefer auf die Gründlichkeit seiner Worte zurück. Er betont, dass der Sohn des Höchsten von einer Frau geboren wurde, so wie jeder andere Mensch auf Erden auch (ausgenommen Adam und Eva – *siehe das erste Buch Mose, Vers 26 – 31)*. Jedoch war der Erzeuger Christi Sein Himmlischer Vater mit der Kraft und der Macht des Heiligen Geistes selbst *(siehe Lukasevangelium 1, Vers 35)* - die Mutter Jesu, Maria jedoch - eine „gewöhnliche" Frau, die aber der Engel Gabriel „Begnadete" *(Lukasevangelium 1, Vers 28)* nannte, da auch der Heilige Geist über Maria kam. So ist auch die Mutter Jesu eine „Hausgenossin" Gottes.

Die Geburt Jesu ist der Beginn Seiner menschlichen und zugleich göttlichen Existenz auf Erden; Seine Anwesenheit jedoch bestand vor Beginn der Welt. Der Heiland wurde … *geboren unter Gesetz …*, dies deutet darauf hin, dass Jesus ein Jude war. Jesus war niemals *unter* dem *Gesetz,* sondern Er war *das* Gesetz aller Gerechtigkeit, *ohne Sünde und ohne jeglichen Fehler,* denn es war Gott selbst, der sich in der Person Jesus verwirklichte. Doch höchsteigen war Jesus Christus derjenige, der sich für uns unter das Gesetz stellte, um unsere Erlösung zu gewährleisten. Auch unser Heiland war durch ein menschliches Elternteil (Maria) selbst zum Menschen geworden.

Demzufolge liegt uns bei näherer Betrachtung nahe, dass ein durch Sünde verurteiltes Wesen (der Mensch – hier als Frau) ein Teil Seiner Gottheit darstellen musste, um durch die Sünde in die Welt hineingeboren zu werden *(siehe das erste Buch Mose 3, Vers 15),* obwohl unser Heiland stets sündenfrei Sein gesamtes Leben ausübte. Der Tod und das Gericht entstanden aus dem Gesetz Gottes an uns - den Menschen. Bedingt durch den Willen Gottes, der in Jesus Christus wohnte, sollte unser Heiland die Gläubigen durch Seinen Tod am Kreuz von allen Sünden auf Ewigkeit befreien.

Denn:

Jesus ging für uns den untersten Weg, um den Gläubigen den Pfad zu Seiner Person zu gewährleisten! Diese Erlösung jedoch kann nur stattfinden, wenn der Errettende frei von jeglicher Sünde ist! Fasst man nun den Inhalt dieses Bibelverses zusammen, so kann man nunmehr eines frei behaupten:
Niemand außer Gott kann eine solch weise Entscheidung treffen! *Alleinig Gott kann uns in einer derartigen Konstellation lieben, vergeben und erretten!* Das schuldlose Lamm Gottes musste diesen Weg der Schande begehen, sodass wir Seine Sohnschaft empfangen können.
Dieses Geschenk des Höchsten ist *die* über alles dominierende Wichtigkeit unserer menschlichen Existenz!
An dieser Stelle müssen wir erneut eine weitere Bibelstelle hinzuziehen, die uns detaillierte Aufklärung über die von Paulus gesprochenen Worte der Erlösung der Menschheit bedingt durch Gottes Willen schenkt:

Im Römerbrief 8, Vers 3 erwähnt Paulus Folgendes:

Denn das dem Gesetz Unmögliche, weil es durch das Fleisch kraftlos war, tat Gott, indem er, seinen eigenen Sohn in Gleichgestalt des Fleisches der Sünde und für die Sünde sendend, die Sünde im Fleisch verurteilte...

Paulus will hiermit aussagen, dass der Heiland den Menschen äußerlich gleich war, doch *verurteilte der Allmächtige Gott Seinen eigenen Sohn nur für uns – zu unserer Errettung, für diejenigen, die Jesus bedingungslos nachfolgen und Ihn von Herzen lieben.*

Wir als Menschen sind völlig ungeeignet, aus einer von uns ausgehende Macht unsere eigenen verursachten Sünden zu vertilgen. *Menschen können bedingt durch ihre Sündennatur diesen von Gott geforderten Schuldenerlass nicht erfüllen!* Die an uns hängende Sünde kann uns *ausschließlich der Heiland erlassen – dies wiederum nur, weil der Allmächtige Gott uns so sehr liebt, dass Er uns den Weg zu Ihm mit dem vollkommen unschuldigen Leib Seines Sohnes ebnet!*

Die Kraftlosigkeit des Fleisches bemächtigt den Menschen nicht, dieses Werk zu vollbringen. Jesus war das Wort der Sünde fern - Er kannte dieses beschämende und verurteilende Wort nicht *(siehe der zweite Brief an die Korinther 5, Vers 21).* So sandte nun der Allmächtige Gott Seinen Sohn Jesus Christus *...in Gleichgestalt des Fleisches der Sünde...,* dies sagt aus, dass unser Heiland *nur* in Anbetracht Seiner *menschlichen äußeren Person uns ähnlich war* – es war also *nur die „menschliche Hülle",* oder besser ausgedrückt das *„menschliche Aussehen",* welches *der Heiland mit uns teilte* - *sonst nichts.*

Diese „menschliche Hülle" war unter Gottes fürsorglicher Regie *in ihrem Element und in ihrer Wirkung im Gegensatz zu unserer menschlichen Hülle einzigartig,* was bedeutet, dass Jesus alle eigenen Tätigkeiten und Reden im Sinne und nach dem Willen Gottes vollzog - also auch folglich völlig frei von jeglicher Sünde *(siehe Johannesevangelium 12, Vers 49+50).*

Unser Heiland starb den qualvollen Tod am Kreuz von Golgatha, *nicht nur* in Bezug auf unsere Sünden, sondern auch für die von uns ererbten - also die uns angeborenen Sünden, die wir in uns tragen.

Ein weiterer Vergleich zweier Bibelzitate aus dem Alten- und Neuen Testament fügt sich hervorragend in dieses Kapitel ein. Die gnadenbringenden Offenbarungen Gottes, die in diesen zwei noch folgenden Bibelzitaten erwähnt werden, kündigen einerseits aus der Sicht des Alten Testaments, auch hebräisches Testament genannt, die Ankunft unseres Herrn Jesus Christus an. Andererseits offenbart der Allmächtige Gott die nun erfüllte Präsenz Seines Sohnes Jesu Christi, der die Hoffnung Seiner Herrlichkeit nun in der Schrift des Neuen Testaments bestätigt und folglich beglaubigt.

Die Umsetzung und die daraus resultierende Erfüllung der von Gott angekündigten „Geheimnisse" *(siehe das noch folgende Bibelzitat des Alten Testaments)* Seines Vorhabens werden demnach in der Schrift des Neuen Testaments offenbart. Die Ankündigung und die Vollendung in beiden Testamente *verwirklichen sich.*

Die Absicht Gottes beinhaltet diese Grundvoraussetzung - sprich: *Sie umfasst die Gläubigen in die von Gott beabsichtigte, nur in eine zu unserem Wohl gebührenden, gewollten Liebe, um zur Seligkeit zu gelangen.*

Die Unterstützung der Person Jesu Christi ist entsprechend *unerlässlich,* um zu diesem gnadenbringenden Endresultat vorzudringen. Wiederum beweist uns die Heilige Schrift, dass die Gedanken Gottes konstant *in unwiderruflicher Perfektion nach Seinem Vorhaben vollendet werden. Die Begünstigten* dieser von Gott beschlossenen Grundgedanken *sind stets die Gläubigen,* die Sein Wort unbeirrt in ihrem Herzen tragen, an

diesem ihr Leben orientieren, um folglich bedingt allein nur durch die Gnade des Herrn zur Seligkeit zu gelangen.
Betrachten wir nun gemeinsam die „Gegenüberstellung" der beiden Bibelzitate, zuerst im Alten- sowie anschließend im Neuen Testament:

Aber es ist ein Gott im Himmel, der Geheimnisse offenbart...
(siehe der Prophet Daniel 2, Vers 28)

In diesem Bibelvers des Propheten Daniel erkennt man die unbestreitbaren Entscheidungen Gottes, die Er bereits schon vor dem Bestehen der Welt vollführte. Der Allmächtige Gott ist somit alleiniger Herrscher über alle Dinge. Er ist der Schöpfer der Welt, des Universums, der Pflanzen, Tiere und der Menschen. Seine Gedanken und die von Ihm vollführten Entscheidungen plante der Herr bereits weit im Voraus. Seine Gedanken verwirklichen sich erst dann, wenn Gott es für nötig hält.

Diese Botschaft ist es, die der Prophet Daniel in diesem Bibelvers erkennen lässt. Sie bezieht sich nicht auf eine gewisse Zeitperiode, oder wie in diesem Bibelvers auf „ein aktuelles Geschehnis", sondern diese vom Herrn gegründete Erkenntnis besteht für die Ewigkeit.

So plante auch der Herr der Welt die Ankunft Seines bereits vor dem Beginn der Welt existierenden Sohnes Jesus Christus, der zu unserer Errettung in der Gestalt eines Menschen, jedoch mit der Verwirklichung des Geistes Gottes in Ihm das Erdreich betrat, um uns, die Gläubigen aus dem Sog der Trostlosigkeit herauszuziehen. Damit vollendete der Allmächtige Gott erstmals Sein Vorhaben, die von Ihm geschaffenen, bedingt durch Adam und Eva von Sünden belasteten Menschen zu Seinen „Hausgenossen" zu bestimmen. Der Apostel Paulus gibt uns im dem *Brief an die Epheser 2, Vers 18 + 19* detaillierte Auskunft auf diese vom Herrn geplante Erlösung. Paulus teilt uns Folgendes mit:

Denn durch Ihn haben wir beide (Juden wie auch Christen - vom Autor erwähnt!) *den Zugang durch einen Geist zu dem Vater. Also seid ihr nicht mehr Fremdlinge und ohne Bürgerrecht, sondern ihr seid Mitbürger der Heiligen und Hausgenossen Gottes...* (Erklärung in dem vorliegendem Buch auf Seite 56 ff.)

Kommen wir nun zur gewollten Gegenüberstellung des Bibelzitates im Neuen Testament:

…das Geheimnis, das von den Zeitaltern und von den Geschlechtern her verborgen war, jetzt aber seinen Heiligen offenbart worden ist, denen Gott kundtun wollte, welches der Reichtum der Herrlichkeit dieses Geheimnisses ist unter den Nationen, das ist: Christus in euch, die Hoffnung der Herrlichkeit
(siehe der Brief an die Kolosser 1, Vers 26+27)

In diesen zwei tiefgründigen Bibelzitaten teilt Paulus den Kolossern die *nun stattgefundene Prophezeiung Gottes, die der Schöpfer der Welt bereits vor dem Beginn der Welt plante* mit - um nicht nur, wie in diesen Bibelversen ausgedrückt, den Kolossern geistliches Leben in Christus zu schenken - sondern dieses gnadenbringende Geschenk soll bei *allen* Menschen, welche dieses Geschenk des Sohnes im Herzen tragen und an Ihn glauben - verwirklicht werden. Wir werden noch nachhaltiger an späterer Stelle auf dieses unterbreitete Geschenk des Herrn eingehen.

Die Gegenüberstellung des soeben behandelten Bibelverses des Alten Testatems *(siehe der Prophet Daniel 2, Vers 28)* fügt sich sozusagen wie die Verriegelung eines Safes ineinander, dessen Zahlenkombinationen nur Gott alleine kennt und folglich für alle Zeit Bestand hat. Es ist sozusagen *ein beständiges, für immer währendes Siegel Gottes* - Sein nun offenbartes Geheimnis an diejenigen unter uns zu unterbreiten, die Ihm vertrauensvoll das Herz schenken. Denn dieses Geschenk des Höchsten ist ein Präsent des Glaubens, der Hoffnung und der niemals vergehenden Liebe der Person Jesus Christus, die Er an uns richtet und die wir Ihm gleichermaßen bekunden.

Paulus selbst spricht *im ersten Brief an die Korinther 13, Vers 13* diese drei allgemeingültigen, auf den Glauben gerichtete Worte aus, die aus dem Grundprinzip des christlichen Glaubens entspringen, es ernähren, um infolgedessen das christliche Leben zu ergründen und aufrecht zu erhalten, um es schließlich zu einem Endergebnis reifen zu lassen:

Nun aber bleibt Glaube, Hoffnung, Liebe, diese drei; die größte aber von diesen ist die Liebe
(siehe der erste Brief an die Korinther 13, Vers 13)

Diesbezüglich weichen wir, um diese bedeutende Grundlage des christlichen Glaubens näher zu hinterfragen in *das Kapitel 13, Vers 13 des ersten Korintherbriefes* ab:

Der Glaube, die Hoffnung und die Liebe:
Der Glaube ist der Grundfaktor, um in die Liebe unseres Herrn Jesus Christus hineinzuwachsen. Mit ihm beginnt und „endet" das christliche Erdenleben, welches aber *niemals gänz-*

lich vergehen wird, denn ein Christ, der an die Worte des Heilands glaubt und dementsprechend sein Leben ausrichtet, wird vom Tod in das ewige Leben mit Gottes Gnade *übergehen.*
Jesus spricht:

Wahrlich, wahrlich, ich sage euch: Wer mein Wort hört und dem glaubt, der mich gesandt hat, hat ewiges Leben und kommt nicht ins Gericht, sondern ist aus dem Tod in das Leben übergegangen
(siehe Johannesevangelium 5, Vers 24)

Die Worte unseres Herrn Jesus dürfen und können wir *genießen,* denn *diese versprechen uns ewiges Leben!* Wer nach den Richtlinien Gottes handelt, der hat nicht nur ewiges Leben, sondern umgeht das Gericht, dieser Weg führt in das Heil - die Seele wird bei Jesus aufgenommen werden. Dieser von uns bestrebte Lebensinhalt beginnt mit dem Glauben, geht über in die Hoffnung und endet in der niemals vergehenden Liebe zu Jesus Christus!
Das ist die Basis christlicher Lebenseinstellung:

Dieses Vorhaben mit eigenem Glauben, mit eigener Hoffnung und der daraus resultierenden, ausgehenden Liebe zu Gott und Jesus anzustreben, um dieses Grundprinzip mit unserem Glauben erreichen zu können.

Liebe Leser, nun können wir eines mit Sicherheit behaupten: Wer die Gnade Gottes bedingt durch den eigenen Glauben erhält und für Gott und Seinen Sohn Jesus das Leben ausrichtet, ist trotz des irdischen Todes unsterblich! Ein Christ lebt somit in ewiger Geborgenheit, stets umhüllt in gnadenreicher Liebe. Uns kann nichts Schlechtes widerfahren - völlig gleich ob wir leben oder sterben, wir sind umgeben in einer von unerschütterlichen Sicherheit ummantelnden Liebe, welche von Gott und Jesus Christus beständig ausgeht!

Nach Meinung des Autors ist die nun folgende Aussage des Apostel Paulus in seinem Brief an die Philipper der wohl deutlichste, gerade in Bezug auf das Thema Glaube, Hoffnung und Liebe basierende Liebesbeweis, die die Person Jesus Christus mit seinem eigenen, persönlichen Glauben ehrt. Diese in der ganzen Heiligen Schrift einzigartige, basierend aus einer tiefgründig aus dem Herzen zu Grunde liegenden Feststellung, welche nur durch Glauben entstehen kann, ist der wohl deutlichste Satz *eines Menschen, der jemals in der Bibel ausgesprochen wurde,* um *das Gesamtkonzept der Liebe zu Jesus Christus auszudrücken.*

Für Paulus beinhaltete das Leben ein auf die Person Jesu zugeschnittenes Allgemeinprinzip, um den Heiland ähnlicher zu werden.

Für den Apostel trug das „irdische Leben" dazu bei, es einzig und allein *für und durch die ausgehende Liebe Christi* in Freude begehen zu können und folglich zu dürfen. Das Sterben jedoch bezeichnete der Apostel als einen „*Gewinn*". Dies bedeutete für Paulus, *ein bedingt durch den Glauben an Christus und die wiederum durch Christi ihm zukommenden benötigte Gnade -* ein zu Grunde liegendes Endergebnis zu erreichen, welches die Nähe zu Christus auf Ewigkeit ebnete. Für immer der ergebene Diener Christi zu sein, das war Paulus` Lebensmotto, sein einziger Lebensinhalt und folglich sein Lebensziel, auf welches er sein eigenes Leben lenkte.

Wer die nun folgende Aussage gleich wie der Apostel Paulus in seinem Herzen trägt, der lebt in großer Zuversicht, Jesus schauen zu können, um ewige Herrlichkeit mit Ihm zu verbringen. Dieses Endergebnis weist auf Einzigartigkeit hin und kann *nur* bei Gott und Jesus Christus gefunden werden:
Am prägnantesten kommt dieses Zitat in der Bibel nach Martin Luther (revidierte Fassung von 1984) zu Geltung:

Denn Christus ist mein Leben, und Sterben mein Gewinn
(siehe der Brief des Paulus an die Philipper 1, Vers 21)

Wenden wir uns nun wieder an den von Paulus verfassten *Brief an die Kolosser, 1, Vers 26+27*, um näher auf die „Geheimnisse" Gottes einzugehen:

Einen kleinen Teil haben wir bereits in den Bibelzitaten des Apostel Paulus erklären können. Doch Paulus geht nun nochmals tiefgründiger in diese Worte ein. Um diese Tiefgründigkeit dieser paulinischen Aussage näher zu deuten, müssen wir im Allgemeinen noch einmal auf den Inhalt des Alten Testaments zurückgreifen. Das Volk Israel war generell Gottes bevorzugtes Volk - Sein auserwähltes Volk. Doch schon bereits im Alten Testament wurde erkennbar, dass Heiden, also „Nichtjuden" vom Herrn errettet werden konnten *(siehe der Prophet Jesaja 11, Vers 10)*.

Paulus spricht jedoch in diesem Bibelzitat von einem Geheimnis, ... *das von den Geschlechtern her verborgen war... (Vers 26)* - vielleicht auch anders ausgedrückt: *erst andeutungsweise stattfand...* (vom Autor hinzugefügt!). Hier befindet sich nach der Meinung des Autors der ausschlaggebende Punkt, den der Apostel hier eindringlich hervorheben will. Dies wiederum sagt das soeben Erwähnte aus, dass Gott im Alten Testament Heiden errettete, wenngleich sich das Neue Testament generell auf die Errettung von Juden, *als auch* Heiden bezieht, denn wer an Jesus Christus glaubt, der wird durch Gnade errettet werden *(siehe den Brief des Paulus an die Galater 3, Vers 28!).*

Weiterhin spricht der Apostel von ...*welches der Reichtum der Herrlichkeit dieses Geheimnisses ist unter den NATIONEN, das ist Christus in euch, die Hoffnung der Herrlichkeit... (Vers 27) / (siehe nochmals den Brief an die Galater 3, Vers 28!).* Nun wird uns allzu deutlich bewusst, dass Paulus hiermit erwähnt, dass *alle* Menschen *bedingt* durch die Ankunft Christi errettet werden können, wenn diese an den Heiland glauben. Das ist das hervorzuhebende Geheimnis des Verses 27:

... *unter den NATIONEN* sagt aus, dass Jesus nicht „*wählerisch*" ist, *jedem* Sein Herz und Seine Bereitschaft zukommen zu lassen, der Ihn von Herzen liebt. Dieser Grund bewahrheitet abermals *das Geheimnis* des Neuen Testaments - Jesus der Retter der Menschheit!

Da die Kolosser von Geburt an *nicht jüdischer, sondern heidnischer Natur* waren, ist die Aussage des Paulus von relevanter Bedeutung. Sie drückt aus, dass es genauer betrachtet, eine unglaubliche Gnade Gottes war, Sein jüdisches Volk zu begnadigen. Dieses Geschenk unterbreitete der Allmächtige Gott erstmals nur *den* jüdischen Menschen, die Sein Wort beachteten und nach diesem ihr Leben ausrichteten - im unerschütterlichen Glauben an Ihn.

Das jedoch durch die Ankunft des Heilands auf Erden *nicht nur die Juden, sondern alle Gläubigen* zu der Ehre gelangen können, in das himmlische Vaterreich durch Glauben einzutreten, verdanken wir nur Gott, dem Vater, der alle Menschen zu Sich und Seinem Sohn bekehren möchte ... *das ist ... Christus in euch, die Hoffnung der Herrlichkeit...(Vers 27).*

Diese prägende und überaus wichtige Mitteilung an uns, die Christen, bestimmt das gesamte Lebenselixier christlicher Handlungen! Was würden wir bloß ohne Dich tun, Herr Jesus? Diese Frage kennt nur eine Antwort, die der Heiland uns wiederum unmissverständlich zu verstehen gibt:

... denn außer mir könnt ihr nichts tun
(siehe Johannesevangelium 15, Vers 5)

Ein Fazit:

Wir dürfen niemals diese Gnade Gottes an uns missachten oder in den Hintergrund führen. Diese Liebe Gottes beruht nicht nur auf ein Leben in ewiger Hoffnung, sondern diese Gnade leitet zur Zuversicht, den Grund des Daseins auf Erden zu erkennen, um einmal in das von uns angestrebte Reich Gottes zu gelangen.

Wir sind abhängig von der Gnade Gottes, denn wir brauchen Gottes Liebe, um in diese beständig hineinzuwachsen, um sie letztlich in unseren Herzen zu vereinnahmen! Ohne die Barmherzigkeit Gottes und die von unserem Herrn Jesus Christus vollbrachte Tat, die nur unserem Sündenerlass dient, würden wir dieses Ziel niemals erreichen können!

Deutlicher und gleichzeitig bewusster können uns die Worte der Heiligen Schrift nicht mehr vermittelt werden!

Der tief gefestigte Glaube der Apostel

Damit uns die Werke und Taten der Apostel geläufiger erscheinen mögen, wird der Bibelleser förmlich dazu aufgefordert, über deren Aufgaben - sprich, die richtungsweisenden, also die von den Aposteln ausgesprochenen und niedergeschrieben Briefe des Evangeliums Jesu Christi näher zu erläutern, um die Worte zu begreifen, zu verstehen, um sie im Endeffekt nachzuvollziehen und glauben zu können. Aufmerksame Bibelleser wissen, dass unser Heiland Jesus Christus der Vollender des Evangeliums war.

Wenn der Sohn Gottes bereits das Evangelium vollendete, worauf beruhten dann die Tätigkeiten der Apostel? Wie kann man den Begriff „Apostel" definieren?

Diese zwangsläufig aufkommenden Fragen wollen wir nun versuchen, gemeinsam darzulegen:

Gott benötigte die erhabenen Tätigkeiten der Apostel, um die von Seinem Sohn zu unserem Heil dienenden Wohltätigkeiten, die Jesus stets vollbrachte, weiterhin in die Welt hinauszutragen, sodass das Wort Gottes *noch tiefgründiger* allen Menschen vertraut werden sollte.

Jesus spricht:

Geht hin in die ganze Welt und predigt der ganzen Schöpfung das Evangelium
(siehe Markusevangelium 16, Vers 15)

Die relevanten Bedeutungen und die belangvollen Aufgaben der Apostel:

Zunächst einmal deutet die Bezeichnung Apostel auf einen Gesandten hin - *(siehe die Worte unseres Herrn Jesus im Markusevangelium 16, Vers 15)* genauer ausgedrückt, auf die vom Herrn *beauftragten Gesandten,* welche die von Jesus ausgesprochenen Worte - sprich die von unserem Heiland mit dem Evangelium der Herrlichkeit getätigten Aufgaben der ganzen Schöpfung (der ganzen Welt) mit deren glanzvollen und wohltuenden Worten der unanfechtbaren Wahrheit Gottes *zu unterbreiten*. Nicht nur die Worte des Neuen Testaments gaben die Apostel in ihrer Definition der Gemeinde preis, sondern die Gesandten Gottes zitierten ebenfalls die damit im Zusammenhang stehenden Aussagen des Alten Testaments, welche auf den kommenden Messias hinweisen.

Dies jedoch *erforderte die Unterstützung des Höchsten,* indem Er Seine auserwählten Apostel *mit dem Heiligen Geist segnete, (siehe Apostelgeschichte 2, Vers 1 - 4 / siehe im Falle des Apostel Paulus Apostelgeschichte 9, Vers 1 – 19 - auf seiner Reise nach Damaskus)* sodass die Gesandten Gottes *die von Gott gewünschte Priorität und Genauigkeit Seiner unwiderruflichen Weisheit detailliert der Menschheit predigen konnten.*

Aus diesem von Gott hervorgehendem Willen entstanden diese *tiefdenkenden, umfangreichen und zugleich bis ins Detail gehenden, genau umfassenden Schemen der biblischen Weisheit (welche die Apostel schriftlich mit ihren Briefen ausdrückten) - an uns, die Gläubigen, die diese Weisheit der Bibel aufnehmen und dementsprechend das Leben nach diesen Worten im Glauben ausrichten müssen, um zur Seligkeit zu gelangen.*

Das ist der Wille des Allmächtigen Gottes, auf das *alle*, die Sein Wort hören, es befolgen, um zur eben genannten Seligkeit zu gelangen, denn Gott hat kein Gefallen an gottlosen Menschen, sondern Er will, dass sie umkehren, um auch die Atheisten zu bekehren *(siehe der Prophet Hesekiel 33, Vers 11).*

Denn:

Dieser von Gottes Gnade erfüllte Wille dient einzig und allein unserer Errettung, die *nur* Sein Sohn Jesus Christus für die Gläubigen gewährleistet. Nahezu jede biblische Rede weist auf unseren Erlöser: Jesus Christus. Durch und von Ihm geht alle biblische Weisheit aus - zu Jesus Christus kehrt sie mit der Verherrlichung Seines ehrenwerten Namens zurück.

Die Apostel unterstreichen diese Gnade Gottes auf eine geradezu vorzügliche Art und Weise mit den von ihnen gewählten Worten des Allmächtigen, die sie der Menschheit, bedingt durch die unfehlbare Weisheit Gottes preisgeben.

Gehen wir nun über in die detaillierten Schriften der apostolischen Lehre, sowie in die Belehrungen der Knechte Christi und betrachten zunächst einmal deren tief gefestigten Glauben in einem Beispiel des Apostels Simon Petrus. Er erhielt von unserem Heiland die ehrenvolle Aufgabe, die von unserem Herrn Jesus Christus begonnene Glaubenslehre der Menschheit ausdehnend zu unterbreiten *(siehe Matthäusevangelium 16, Vers 13 - 19).*

So schlug die Stunde der zuerst getätigten apostolischen Arbeit für den Apostel Simon Petrus, der somit die Kirche in Israel gründete. Die Worte des Petrus geben uns detaillierte Auskunft über die Herrlichkeit der Person Jesu Christi, die er der zuhörenden Gemeinde in seinem ersten Brief wie folgt unterbreitete:

Deshalb umgürtet die Lenden eurer Gesinnung seid nüchtern und hofft völlig auf die Gnade, die euch gebracht wird bei der Offenbarung Jesu Christi; als Kinder des Gehorsams bildet euch nicht nach den vorigen Begierden in eurer Unwissenheit, sondern wie der, der euch berufen hat, heilig ist, seid auch **ihr** *heilig in allem Wandel! Denn es steht geschrieben: Seid heilig, denn ich bin heilig.*
(siehe der erste Brief des Petrus 1, Vers 13 – 16)

Der Apostel Petrus weist uns in diesen Bibelzitaten auf eine nimmer mehr vergehende Hoffnung hin, die jedem von uns Gläubigen widerfahren ist:
Die Enthüllung der Person Jesu.

Dieses uns zu Teil werdende Geschenk der Hoffnung, die uns der Allmächtige Gott mit der Ankunft Seines Sohnes auf der Erde überreichte, soll unseren Glauben nicht weiterhin ... *nach den vorigen Begierden unserer Unwissenheit lassen (Vers 14),* sondern bedingt durch den unerschütterlichen Glauben an Jesus Christus *...zu einer Ihm gleichenden Art positiv verändern.* Gerade in Bezug auf diese Hoffnung entsteht ein Umbruch der Gedanken, der in uns die einhergehende Hoffnung in Glauben an den Heiland verwandelt. Diese für uns von gewichtiger Bedeutung ausgesprochenen Sätze des Apostels weisen uns auf eine Forderung hin. Wiederum werden diese Forderungen nochmals von Petrus gewissenhaft unterteilt:

Betrachten wir den Ruf Gottes: *Seid heilig, denn ich bin heilig (Vers 16 im ersten Petrusbrief - siehe wiederum das dritte Buch Mose 11, Vers 45 im Alten Testament).* Hier will uns Petrus auf die bereits vom Allmächtigen Gott gesprochenen Worte aufmerksam machen, dass wir nach den Richtlinien Gottes unser Leben ausrichten müssen, um zur Heiligkeit zu gelangen. Diese Grundvoraussetzung mit diesem „Gehorsamscharakter" muss vorhanden sein, um diesen Wandel schließlich zu vollführen. Christen erhalten dieses Geschenk von Gott und Jesus Christus, begründet durch den Heiligen Geist, der in ihnen wohnt und ihnen die erforderliche Kraft spendet, um ein ehrwürdiges, geheiligtes Leben nach den Kriterien Gottes führen zu können.

Auf diesen Verwandlungsprozess geht der Apostel mit seinen Aussagen nun noch nochmals weitreichender ein:

Seine Absicht ist es, durch die von ihm ausgesprochenen Worte unsere Erinnerungen zu geistiger Besinnung zu bringen, um diese letztlich in ein Stadium der Wende einzuleiten. Dies sagt aus, dass unsere ehemaligen Lebensplanungen auf eigener Unwissenheit beruhten. Wir selbst waren sozusagen der eigene „Regisseur" unseres nicht zum Vorteil dienenden Lebensstils, den wir *nicht* nach den Richtlinien Gottes ausübten, sondern nach den von uns gestalteten Bedürfnissen, welche jedoch weg von Gott, hinein ins Abseits führten.

Doch in die Aufnahme der Heiligung zu gelangen, müssen wir ein Verhalten annehmen, welches nicht nach unseren ehemalig anvisierten Kriterien strebt, sondern nach den Anforderungen Gottes an uns. Das ist die alles entscheidende Rahmenbedingung Gottes, die uns letztlich zur Seligkeit leitet, um in die Gemeinschaft der Heiligen aufgenommen zu werden, nach Gottes Richtlinien, nach diesen Forderungen an uns - um unser Leben mit dem erforderlichen Glauben an Ihn und Seinen Sohn Jesus Christus auszuüben.

Die Worte des Apostel Petrus sind demzufolge charaktervolle Erklärungen. Um dieses Ziel, den Glauben an Christus anzunehmen, bedarf es folglich einem fest entschlossenen Willen, der von der suchenden Person ausgehen muss, um in die Wesensverwandtschaft des Heilands Jesus Christus gelangen zu können.

Petrus erklärt diese nun zu begehenden Charakterzüge wie folgt:

Der Apostel will uns zunächst einmal die Angst nehmen, von der Außenwelt eingeschüchtert oder gar beeinträchtigt zu werden. Deshalb sollen wir uns die Lenden umgürten, sodass wir standhaft zu unserem angestrebten Ziel stehen. Dies sagt aus, mit einem *festen Standbein unser auszuführendes Ziel anzuvisieren, ohne* jegliche Beeinflussung, die von Seiten der Menschen auf uns eindringen kann. Daher brauchen wir eine feste Entschlossenheit, um dieses von uns anvisierte Ziel zu erreichen. Keine Beeinflussung von anderen, denn die Macht, die wir aufgrund der Gnade Gottes als die alles entscheidende Basis dieser Vorgehensweise erhalten haben, ist mächtiger als die auf uns eventuell zukommenden Verwirrungen anderer Menschen, welche uns an unseren Bestrebungen hindern wollen. Bedingt durch die von Gott beabsichtigte Ankunft unseres Herrn Jesus Christus wird uns dieses Ziel gelingen. Petrus weist uns auf ein völlig sicheres, ja - auf ein durch Gottes Gnade geleitetes Ziel hin, welches wir nun imstande sind mit Gottes Barmherzigkeit zu erreichen und letztlich auch vollenden zu können.

So wird nun das alte, mit Fehlern belastete Leben ausgelöscht, um neues Leben in der Gemeinschaft als Kinder Gottes zu begehen. Diese ehemalige, in unserem Inneren vorhandene irdische und gleichzeitig inkorrekte Denkweise ist abgestorben, denn von nun an wird die Herrlichkeit in der Person Jesu Christi in uns beheimatet sein. Wir sind nunmehr bedingt durch den eigenen Willen und mit der alles entscheidenden Gnade Gottes zu diesem Wohlgefühl angelangt und sind nun in den Augen Gottes als Kinder des Gehorsams *(Vers 14)* herangereift. Wir dürfen gemeinsam mit unserem Heiland Jesus Christus diese Wohltat kontinuierlich auf ein Neues genießen, als eine Art tagtäglich stattfindendes Geschehen, welches uns der Allmächtige Gott mit der nur zu unserer Begnadigung dienenden Erdenankunft Seines Sohnes auf Ewigkeit schenkte.

Der Brief des Judas, ein Knecht Jesu Christi und der Bruder von Jakobus *(siehe der Brief des Judas, Vers 1)* weist die Leser auf klare und eindeutig definierte Auskünfte über die Beharrlichkeit des Glaubens hin. Denn wer das Leben in eine unumstößliche Befestigung des Glaubens legt, der wird in Ewigkeit das beschützende Dasein der Person Christi mit Seiner von Ihm ausgehenden Gnade an die Gläubigen als das Kernstück der nie vergehenden Liebe genießen dürfen.

Ihr aber, Geliebte, erinnert euch an die von den Aposteln unseres Herrn Jesus Christus zuvor gesprochenen Worte, dass sie euch sagten, dass am Ende der Zeit Spötter sein werden, die nach ihren eigenen Begierden der Gottlosigkeit wandeln. Diese sind es, die sich absondern, natürliche Menschen, die den Geist nicht haben. Ihr aber, Geliebte, euch selbst erbauend auf euren allerheiligsten Glauben, betend im Heiligen Geist, erhaltet euch selbst in der Liebe Gottes, indem ihr die Barmherzigkeit unseres Herrn Jesus Christus erwartet zum ewigen Leben.
(siehe der Brief des Judas Vers 17 - 21)

Die *Verse 17 bis 21 in dem Brief des Judas* ähneln den Worten der vorherig genannten Bibelzitate des Apostel Petrus *(siehe die soeben zitierten Worte des ersten Briefes des Petrus 1, Vers 13 - 16)*. Auch in den Bibelstellen des Judas will der Knecht Jesu Christi seine Geliebten (alle Menschen, welche die Liebe des Herrn Jesus Christus in ihrem Herzen gefestigt haben) aufmerksam machen, in der Liebe zu dem Sohn Gottes zu bleiben. Judas weist ausdrücklich darauf hin, dass die Apostel schon zuvor in ihren Briefen an die Gemeinden diese Warnungen ausgesprochen und niedergeschrieben hatten, indem sie die Gläubigen darauf aufmerksam machten *(siehe z.B. der erste Brief des Johannes 2, Vers 18 – 21)*, bedingt durch die Gegner

Gottes *nicht* den Glauben *zu verlieren.* Weiterhin spricht Judas, dass die Gläubigen stets nach der Liebe Gottes ihr Dasein ausrichten sollen, um in der Liebe Jesu Christi zu bleiben.

Die Gegner Gottes, so die Aussage des Judas in *Vers 18 und 19* sind *...die Spötter, die nach ihren eigenen Begierden der Gottlosigkeit wandeln...*
Die Gegner unseres Herrn Jesu Christi sind ebenfalls natürliche Menschen, die jedoch nach ihren eigenen, irdisch veranlagten Zielen Ausschau halten - sprich:

Die Spötter leben abtrünnig, also völlig isoliert von den Worten der Wahrheit, die Jesus Christus stets predigte, um somit *auf die alles entscheidende Wichtigkeit Seiner gesprochenen Worte hinzuweisen, sodass man an Seinen Worten unwiderruflich festhält und folglich diesen Worten nachfolgt, um diese im Herzen mit Demut aufzunehmen.*
Diese allzu wichtig hervortretende und richtungsweisende Denkweise, die den über allem stehenden, relevanten Entschluss bestimmen und entscheiden muss, den Worten unseres Herrn Jesus Christus bedingungslos zu folgen, um diesen, bedingt durch diesen vehementen Grund das Herz zu dem benötigten Glauben zu öffnen, bleibt den Spöttern Gottes fern.

In *Vers 19* geht Judas auf diese Feststellung näher ein. Seine Worte lauten:
*Diese sind es, die sich absondern, natürliche Menschen, die den **Geist** nicht haben.*
Hier liegt der alles entscheidende Grund, warum die Menschen, die den Gläubigen zwar von der „äußerlichen Gestalt" aus betrachtet ähnlich sind, aber sich dennoch grundverschieden von den Anhängern Jesu differenzieren.

Die alles entscheidende, von der Gnade Gottes abhängige Segnung bleibt diesen Atheisten fern - ... *natürliche Menschen, die den **Geist** nicht haben.*

Um das Fehlen des Heiligen Geistes bei den Gegnern des Heilands nochmals in den Vordergrund zu rücken, werden wir an dieser Stelle nunmehr dazu aufgefordert, zum wiederholten Mal auf die von dem Apostel Paulus gesprochenen Worte zurückzugreifen, wenn er spricht:

Wenn aber jemand Christi Geist nicht hat, der ist nicht sein
(siehe der Brief des Paulus an die Römer 8, Vers 9)

Zwar spricht an dieser Stelle des *Verses 19* Judas nicht diese soeben erwähnten Worte des Apostel Paulus an, aber dennoch weisen gerade diese Worte auf die Wichtigkeit des Heiligen Geistes hin. Diese Segnung Gottes ist demzufolge ein „MUSS" - modern ausgedrückt ein - „MUST HAVE", um in die Gemeinschaft, sprich: *als ein Kind Gottes aufgenommen zu werden.*

Die Gnade Gottes, die Er Seinen Auserwählten mit der Aussendung des Heiligen Geistes in deren Herzen legt, um zur Seligkeit zu gelangen, *bleibt den Gegnern Gottes fern.*

Die Spötter leben *nicht* in der benötigten Bevorzugung Gottes. Diesbezüglich können diese Menschen auch folglich *nicht* diesen über allen stehenden, erforderlichen, heiligen Grundprinzipien, in deren Charakter die Grundwahrheit christlichen Denkens ruht, folgen.

Dieser von relevanter Bedeutung geprägte Geist muss vom Allmächtigen Gott - Dank Seiner ausgehenden, barmherzigen Gnade in unser Herz gelegt werden, *um wiederum zur Wieder-*

geburt zu gelangen. Ohne die Wiedergeburt werden wir das Reich Gottes nicht sehen *(siehe Johannesevangelium 3, Vers 3 + 5 - 8)* - die ausgesprochenen Worte unseres Herrn Jesus Christus / siehe die Erklärungen in dem vorliegendem Buch Seite 50 ff.).

Judas will uns zu verstehen geben, dass wir bedingt durch diese Gnade Gottes nicht nur im Geiste Gottes leben, sondern das der Heilige Geist auch in uns lebt!

So fühlt sich nun auch ein Christ *nur* in der beständigen Nähe zu Jesus Christus geborgen. Dies wiederum verdankt er der Gnade Gottes, die diesem Menschen mit dem erhabenen Geschenk des Heiligen Geistes zu Teil wurde. Bedingt durch die Barmherzigkeit Gottes ist nunmehr der Beschenkte willig und imstande, die Liebe und den fundamentalen Sinn der Worte der Heiligen Schrift zu begreifen und folglich aus ganzem Herzen zu glauben. Diese uns zugesandte, beschenkte Weisheit erklärt den Grund, der dem Beschenkten die benötigte Kraft hinterlässt, um im Gebet am Glauben zum Heiland festzuhalten, und nicht durch jegliche Fremdeinwirkung verunsichert zu werden *(Vers 20)*.

Nun kann dieser Christ auch *...selbst erbauend auf allerheiligsten Glauben ...beten...* und dem Herrn *...im Heiligen Geist (Vers 20 – 21)* danken, indem er ... *die Barmherzigkeit unseres Herrn Jesus Christus erwartet zum ewigen Leben (Vers 21)*.

Der *Vers 21* sagt aus, dass wir nunmehr ein Leben nach den Richtlinien Gottes führen.

Erstens, weil wir in der beständigen Liebe unseres Herrn Jesu Christi leben und unser irdisches Dasein durch Ihn einen neuen *Mittelpunkt* erhält. Zweitens erklärt dies wiederum, dass ein

Christ bestrebt ist, dem Heiland ähnlich zu werden, um dieses Lebensziel *nicht nur in der hier noch verbleibenden irdischen Zeit vollbringen und genießen zu können, sondern auch in Bezug auf des Ewige Leben,* der anvisierten Absicht eines jeden gottesfürchtigen Menschen.

Das vollbrachte irdische Leben in der Gemeinschaft Jesu Christi ist somit der Grundstein, um das in uns begonnene Fundament zu einem ausgereiften Gebilde heranwachsen zu lassen, um schließlich durch diese von uns bestrebte, irdische Verbundenheit zu unserem Heiland eine nie vergehende Hoffnung im glaubenden Herzen zu tragen:

Mit der verbundenen Liebe Gottes Seinen geliebten Sohn auf Ewigkeit schauen zu können.

Kommen wir nun zu einem weiteren wichtigen Knecht Jesu Christi - Johannes. Er beweist gerade in seinem ersten Brief (von insgesamt drei von ihm verfassten Briefen) die Verherrlichung der Person Jesu Christi auf eine sehr deutliche und ausdrucksstarke Art. Hier weist er auf das eindrucksvolle Bild, das ewige Leben hin, welches uns durch die Liebe Jesu offenbart wurde.

Jeder, der glaubt, dass Jesus der Christus ist, ist aus Gott geboren; und jeder, der den liebt, der geboren hat, liebt auch den, der aus ihm geboren ist. Hieran erkennen wir, dass wir die Kinder Gottes lieben, wenn wir Gott lieben und seine Gebote halten
(siehe der erste Brief des Johannes 5, Vers 1 + 2)

Die beiden Bibelverse des Johannes weisen bereits ihre Gemeinsamkeit auf die von unserem Herrn Jesus ausgesprochenen Worte hin, als man den Heiland fragte, welches das größte Gesetz sei *(siehe Matthäusevangelium 22, Vers 37 - 40 - siehe die Erklärung in dem vorliegendem Buch Seite 82).* Die Liebe ist es, die vorhanden sein muss, um ein Kind Gottes zu sein. *Ohne die Liebe sind wir nicht von Gott geboren, und können demzufolge auch keine Liebe an andere Gotteskinder weitergeben.*
Einzig die Liebe beinhaltet die Grundvoraussetzung eines von Gott begnadigten Lebens. Nur durch dieses Kriterium werden wir befugt sein, auch unsere gleichgesinnten, gläubigen Mitmenschen zu achten und dementsprechend zu lieben. Durch die Gnade des Herrn kommt uns eine Liebe entgegen, die Er bereits Seinen Auserwählten schon vor dem Beginn der Welt zugeteilt hat. Gottes Plan hat sich nun in dem Gläubigen verwirklicht. Dies bedeutet, dass wir Seinen Sohn Jesus Christus als die „Grundstruktur" unseres Daseins betrachten. Ohne Ihn

ist unsere Existenz sinn - und wertlos. *Nur* mit unserem Heiland und den zu „benötigenden Zutaten" (im Sinne des Heiligen Geistes), welche Gott in unserem Leben offenbarte, sind wir fähig dieses Geschenk als solches anzuerkennen. Nun folgen die von Gott gesandten Gaben in unserem Leben, sodass wir erkennen können, dass wir *nun* die Kinder Gottes lieben können, weil wir dieses erhabene Geschenk Gottes erhalten haben, um es nach Seinen Richtlinien (Geboten) in unserem Leben umzusetzen. Wir sind nunmehr gewillt, den Willen Gottes auszuleben, damit sich das von Ihm ausgeteilte Geschenk in uns verwirklicht - *siehe Johannesevangelium 14, Vers 15* wenn der Heiland Folgendes spricht:

Wenn ihr mich liebt, so haltet meine Gebote

Auf dieses Endresultat zielen der Wille Jesu Christi und gleichzeitig diese Bibelverse des Johannes an die vom Allmächtigen Gott Auserwählten hin:

Seinem Sohn ähnlich zu werden, um die Herrlichkeit Christi bedingungslos anzunehmen.

Gehen wir nun über in die nächste Verwandtschaft unseres Herrn Jesus Christus, und betrachten zunächst einmal die niedergeschriebenen Worte Seines Halbbruders Jakobus.

Jakobus, ein Knecht Jesu Christi, der jedoch in die Überzeugung (den Glauben) des Heilands geduldig hineinwachsen musste, um zu der unwiderruflichen Wahrheit zu gelangen, dass Jesus Christus gleichgestellt mit dem Allmächtigen Gott anzusehen ist, hat aus der Weisheit, die sein Halbbruder der Menschheit preisgab, die Wahrheit der Person Jesu nach und nach erkennen können. So konnte sich Jakobus nun tatsächlich als ein Knecht Jesu Christi betiteln, denn die Wandlung vom Unglauben in Glauben rechtfertigte Jakobus durch das Erkennen der verbindlichen Wahrheit, die nur von seinem Herrn und Meister Jesus Christus ausging und durch den Willen Gottes seiner Person zu Teil wurde.

Nehmt, Brüder zum Vorbild des Leidens und der Geduld die Propheten, die im Namen des Herrn geredet haben. Siehe, wir preisen die glückselig, die ausgeharrt haben. Von dem Ausharren Hiobs habt ihr gehört, und das Ende des Herrn habt ihr gesehen, dass der Herr voll innigen Mitgefühls und barmherzig ist
(siehe der Brief des Jakobus 5, Vers 10+11)

Zunächst einmal beginnt Jakobus seine Weisungen an die Gläubigen, die er in diesem Falle als gleichgesinnte Brüder bezeichnet in Bezug auf die alttestamentarische, hebräische Lehre Gottes, um diese als ein Vorbild zu betrachten, wie eine Schmach sich in die Realität eines gottesfürchtigen Lebens verwandeln kann.

In diesem Beispiel erwähnt Jakobus, dass den Propheten von den Widerständlern Gottes Leid zugefügt wurde. Jesus selbst erwähnt in Bezug auf die Qualen der Propheten Folgendes:

Jerusalem, Jerusalem, die da tötet die Propheten und steinigt, die zu ihr gesandt sind! Wie oft habe ich deine Kinder versammeln wollen, wie eine Henne ihre Küken versammelt unter ihre Flügel, und ihr habt nicht gewollt!
(siehe Matthäusevangelium 23, Vers 37)

Jesus spricht zweimal hintereinander die Worte: Jerusalem, Jerusalem... aus. Damit bekundet Jesus Sein tief liegendes Martyrium, welches Ihn zutiefst bewegt. Denn der Heiland geht nun weiter in Seine tief erschütterte Seele hinein indem Er weiterspricht:

Wie oft habe ich deine Kinder versammeln wollen, wie eine Henne unter ihre Flügel, und ihr habt nicht gewollt!

Damit legt unser Herr Jesus Seine Betroffenheit über die Menschen dar, die Seinen erhabenen Worten keinerlei Beachtung schenken, geschweige denn, sie in ihre Herzen hingebungsvoll mit Glauben aufzunehmen. Diese Trauer ist für einen gläubigen Menschen allzu verständlich, denn der Heiland sprach immer in einer sehr ausdrucksstarken, tiefgründigen Form die Worte der Wahrheit - im Auftrag des Höchsten - Seines Himmlischen Vaters.

Dabei hatte Jesus nur die Absicht, uns unter die beschützenden Flügel Seiner Obhut für die Ewigkeit ummantelnd zu bergen. Doch ein großer Teil des Volkes von Jerusalem hatte die Absicht des Herrn nicht erkannt...

Kommen wir nun wieder zurück zum Brief des Jakobus und wenden uns weiterhin seinen Worten zu:
Doch die Propheten harrten trotz aller ihnen zugewiesenen Ungerechtigkeiten anhand ihres Glaubens aus, weil sie wuss-

ten, dass der Herr der Welt - Gott persönlich auf der Seite der Gerechtigkeit steht. Der Glaube an Gottes Wort war in ihrem Inneren versiegelt. Sie handelten stets nach den Worten des Herrn, redeten nach den Worten Gottes, wurden jedoch durch ungläubige Personen schuldlos bestraft.

Nun preist Jakobus diese Apostel, die ausgeharrt haben und folglich niemals an dem Wort Gottes zweifelten. Sie waren mit innerlicher Bereitschaft und der daraus resultierenden Leidenschaft tätig, um die Worte des Herrn mit großer Hingabe dem Volk Israel (und den Heiden) zu unterbreiten.

Jakobus erwähnt nun bewusst die Prüfungen Gottes an der Person des Hiob (siehe das Buch Hiob im Alten Testament). Sein Ausharren am Glauben jedoch belohnte ihm der Herr noch reichhaltiger *(siehe das Buch Hiob 42, Vers 10– 17),* als vor den noch anliegenden Prüfungen, denn Hiob war stets ein wohlhabender Mann gewesen *(siehe das Buch Hiob 1, Vers 1 – 3).* Als der Teufel nach Absprache mit Gott mit seinen absurden Prüfungen begann, den Glauben des Hiob zu beeinträchtigen, fand der Satan jedoch kein Mittel, denn Hiob widerstand den Versuchungen des Teufels mit festem Glauben, denn der Geist Gottes ruhte im Herzen Hiobs. Gott konnte so dem Teufel eine „gewisse Freiheit" einräumen (siehe das Buch Hiob 1, Vers 2 - 8), weil der Herr wusste, dass Hiob aufgrund des gefestigten Glaubens an Ihn niemals zum Willen des Satans übertreten würde.

Nun geht Jakobus noch tiefgründiger in das Erdulden von Leid hinein, denn er erwähnt die unsagbaren Leiden seines Halbbruders, unseres Herrn Jesus Christus. Diese von Gott Seinem Sohn bewusst zugefügten Leiden dienten einzig und allein unserer Errettung. Jedoch musste unser Heiland völlig unschuldig dieses ihm durch die Widersacher an Seiner Person zukommende Leid ehrenvoll ertragen, um uns - die Gläubigen aus dem Sog der Sünden zu entziehen.

Im *Lukasevangelium 23, Vers 26 – 46* können wir die Leidensgeschichte unseres Heilands nachverfolgen. Jakobus weist in diesen zwei Bibelversen ebenfalls darauf hin, dass Jesus Christus ... *voll innigen Mitgefühls und barmherzig ist (Vers 11)*. Dies beweisen die Worte im *Lukasevangelium 23, Vers 34* wenn der Heiland bei Seiner Kreuzigung folgende Worte spricht:

Vater, vergib ihnen, denn sie wissen nicht, was sie tun

Auch dem Schächer am Kreuz, der die Wahrheit der Person Jesu mit innigstem Glauben erkannte, vergab der Heiland, indem Er sprach:

Wahrlich, ich sage dir: Heute wirst du mit mir im Paradies sein
(siehe Lukasevangelium 23, Vers 43)

Wenn der Sohn Gottes diese unvorstellbaren Leiden an Seiner unfehlbaren, sündenfreien Person, einzig und allein nur zum Zweck unserer Erlösung der Sünden tragen musste, wie können wir uns, die wir doch stets Sünder bleiben davor wehren, nicht auch in das von Gott gewollte Leid zu verfallen?

Dies ist der ausschlaggebende Punkt, auf den uns Jakobus hinweisen will! Jakobus möchte uns unmissverständlich zu verstehen geben, dass wir als Kinder Gottes standhaft unserem Glauben gegenübertreten müssen, um diese mit Leid beseelten Prüfungen Gottes zu ertragen.

Ein Fazit bezugnehmend auf diese Nachricht des Jakobus:

Es handelt sich hier um eine ehrenvolle Aufgabe, mit und für Jesus Christus zu leiden. Nur bedingt durch Seine gnadenreiche Barmherzigkeit an uns, werden wir in Sein Reich gelangen können. Ein wahrer Christ sieht dieses Leid mit diesem alles errettenden Geschenk als eine Ehre an, die unser Heiland bereits für Seine Gemeinde auf sich nahm.

Gehen wir nun über zum Brief an die Hebräer, um ebenfalls zwei weitere Bibelstellen, welche die Liebe zu Jesus Christus bekunden, näher kennenzulernen. Bis zum heutigen Tag können keine eindeutig definierten Aussagen getroffen werden, welche Person(en) diesen Brief verfasst hat bzw. haben. Die weit auseinander gehenden Meinungen einiger Experten sprechen von paulinischen Zügen, die dieser Brief ihrer Meinung nach aufweist. Andere wiederum halten andere Personen wie zum Beispiel Barnabas, Silas, Philippus oder wie Martin Luther gar Apollos für den Autor dieses herrlichen Briefes.

Wie auch immer sich die Meinungen der jeweiligen Kritiker zu erkennen geben -

Gott, der Herr hatte wie bei allen Seinen unfehlbaren Absichten mit absoluter Garantie die unumstrittene Gewissheit, diesen belangvollen Brief in Seinen Worten (die der Bibel), welche nur an uns - die Menschheit gerichtet sind, mit einzureihen, sodass sich die Worte des Herrn nach Seinen göttlichen Gedanken zu unserem Wohl vollends verbreiten.

So, wie *nur* Gott ein solch perfekt gestaltetes, fehlerfreies Buch, die Bibel an die Menschen weiterleitet, so hat auch der Herr der Welt die Absicht, uns Seine gnadenbringenden Worte nach Seiner Perfektion zukommen zu lassen, die uns zur Seligkeit gelangen lässt. Sein Sohn Jesus Christus bestätigt uns diese prägnante Tatsache wie folgt:

***Es ist leichter, dass der Himmel und die Erde vergehen, als dass** ein *Strichlein des Gesetzes wegfalle*
(siehe Lukasevangelium 16, Vers 17)

Bevor wir uns dem Sinn der von Jesus gesprochenen Worte zuwenden, vorab einmal eine Wertschätzung:

Wie herrlich und aufbauend ist es, dass *jede* aufkommende Glaubensfrage, und sei sie noch so kompliziert, von der Bibel gelöst wird! Diese Tatsache spricht für sich, denn nicht ohne Grund ist die Bibel das Buch der Bücher - eine Schatztruhe der vollkommenen Weisheit Gottes!

Gehen wir nun zu den soeben genannten Worten unseres Heilands zurück. Diese klar definierte Aussage von Jesus deutet darauf hin, dass die Worte der Heiligen Schrift mit ihrem *ganzen Inhalt* eine unumstößliche Basis besitzt. Dann geht der Heiland noch tiefer in dieses Gedankenmotiv hinein, indem Er spricht:

Es ist leichter, dass der Himmel und die Erde vergehen...

Jesus möchte uns mit dieser Feststellung zu verstehen geben, *dass das Wort Gottes für die Ewigkeit Bestand hat, es wird niemals vergehen oder gar an Glanz oder Wahrheit verlieren, denn es ist unfehlbar! Eher werden der Himmel und die Erde vergehen, als dass nur ein Strich des Gesetzes Gottes wegfällt! Somit hat jedes Wort, jeder Satz* und demzufolge *jedes einzelne Kapitel der Bibel einen von Gott beabsichtigten, tiefen Sinn!* Deutlicher, eindrucksvoller und gleichzeitig auch tiefgründiger kann unser Herr Jesus die Wahrheit Seiner Worte nicht zu verstehen geben!

So gelangen wir nun zu einem kleinen Zwischenresümee:

Gott der Herr allein weiß, wer den Brief an die Hebräer verfasst und niedergeschrieben hat! Diese Aussage sollte nun jeden Leser vollends zufriedenstellen, ohne noch weitere Fragen aufkommen zu lassen.

Gehen wir nun über zu diesen zwei schon erwähnten Bibelversen, um die Worte des Hebräerbriefes näher zu durchleuchten:

Der Glaube aber ist eine Verwirklichung dessen, was man hofft, eine Überzeugung von den Dingen, die man nicht sieht. Denn in diesem haben die Alten Zeugnis erlangt
(siehe der Brief an die Hebräer 11, Vers 1+2)

Zunächst einmal deutet uns *Vers 1* auf den Glauben hin, inwiefern sich der Glaube ausdrückt - ja, uns erkenntlich zeigt, wenn man diesen im Herzen trägt. Somit muss der Glaube erst einmal vorhanden sein, um dieses „Glücksgefühl" zu erreichen. Der Glaube beruht auf der Basis, die uns die vollkommene Wahrheit Gottes vermittelt. Es lohnt sich also durchaus, an dieser von Gott ausgehenden Wahrheit festzuhalten, um mit dem eigenen Glauben das Leben nach den Richtlinien des Herrn zu gestalten. So ist der Glaube der Beginn, Gott bedingungslos zu akzeptieren - sprich: Als *den* Mittelpunkt des eigenen Lebens zu betrachten.

Wenn diese Voraussetzung vollführt und von dieser Person angenommen wurde, so wird eine Bindung zu Gott entstehen. Diese Bindung ist die Übereinstimmung der Person, sowie die inkludierte, gnadenreiche Gabe Gottes, die diese Person in Seine gewollte Absicht an uns Menschen heranführt.

Diese unsichtbare Kraft *...eine Verwirklichung dessen, was man hofft, eine Überzeugung von Dingen, die man nicht sieht (Vers1)* wird dem Gläubigen anhand der barmherzigen Liebe Gottes zu Teil. Dies sagt aus, dass wir im Glauben auf Liebe und Zuneigung hoffen, die vom Herrn ausgeht. Diese wiederum können wir nicht mit bloßen Augen erkennen - diese Hilfe findet in unserem Inneren statt - in unserem Herzen. Wir erinnern uns an die Worte Gottes als Er sprach:

Und ich werde euch ein neues Herz geben und einen neuen Geist in euer Inneres geben; und ich werde das steinerne Herz aus eurem Fleisch wegnehmen und euch ein fleischernes Herz geben. Und ich werde meinen Geist in euer Inneres geben; und ich werde bewirken, dass ihr in meinen Satzungen wandelt und meine Rechte bewahrt und tut
(siehe der Prophet Hesekiel 36, Vers 26 + 27)

Die Worte des Allmächtigen Gottes müssen wir genießen, um Ihren wahren Charakter, den sie uns mitteilen, genauer deuten zu können. Nun werden wir schrittweise die Vorgehensweise Gottes erkennen, wie die Veränderung durch Glauben im Herzen eines Menschen wirkt und gleichzeitig die von Gott gewollte Absicht vollführt.

Die vom Allmächtigen Gott beschriebene Strategie, um uns zu diesem Ergebnis zu leiten, legt Er in diesen zwei Bibelzitaten dar. Zuerst gibt Er uns ein neues Herz und einen neuen Geist in unser Inneres hinein, um das alte, steinerne Herz zu „entnehmen", um es durch ein fleischernes Herz zu „ersetzen". Dieses Handlungsschema Gottes ist von Nöten, um unser Herz auf die Annahme Seiner uns nun bald zukommenden Gnade zu verändern, dies wiederum sagt aus, dass das steinerne Herz keinerlei Arten von Seiner Absicht annehmen und vollführen kann, weil es einfach leblos ist. Es ist in den Augen Gottes tot, so wie ein Stein, der kein Leben in sich trägt. Das fleischerne Herz jedoch lebt, nimmt Gebote, Mahnungen, Liebe und die Worte Gottes an, weil es lebendig und Gott wohlgefällig ist. Ein fleischernes Herz vollführt nun, bedingt *durch* die barmherzige Gabe in Verbindung mit dem *Geist Gottes* Seine gewollte Absicht an uns:

Diese alles entscheidende Bindung von einem fleischernen Herz und dem dazugehörenden Geist Gottes erteilt nun dem bekehrten Menschen erstmals das Wirken des Allmächtigen

Gottes in ihm. Nun verwirklicht sich *der Psalm 85, Vers 11* indem geschrieben steht:

Güte und Wahrheit sind sich begegnet, Gerechtigkeit und Frieden haben sich geküsst

Die Komponenten Gottes *müssen zusammengebracht werden,* um die von Gott gewollte Wirkung in unserem Inneren - sprich: in unserem Herzen zu erzielen. Erst wenn diese Komponenten sich geschmeidig ineinander fügen, *dann erst* werden wir ... *in meinen* (Gottes - vom Autor hinzugefügt) *Satzungen wandeln und meine Rechte bewahren und tun (Vers 27).*

Wir erkennen, dass Gott uns dieses Geschenk offenbaren muss, um den Glauben als *... eine Verwirklichung dessen, was man hofft, eine Überzeugung von Dingen, die man nicht sieht (siehe der Brief an die Hebräer 11, Vers 1)* unsichtbar und dennoch als stets vorhanden betrachten kann.

Der Vers 2 des 11. Kapitels des Hebräerbriefes gibt uns Auskunft, dass die Menschen, die zur Zeit des Alten Testaments lebten, ebenfalls in den „Genuss" der Glaubensverwirklichung durch die soeben beschriebene Gnade Gottes gelangten. Doch warum erwähnte(n) der oder die Verfasser des Hebräerbriefes noch einmal diesen auf den ersten Blick so unscheinbaren Satz?

Die Menschen, die zur Zeit des Alten Testaments lebten, wandelten im Glauben, *nicht* im Schauen. Die Verfasser des Hebräerbriefes weisen den Leser hiermit mit dem zweiten Blick auf einen sehr gewichtigen Hinweis hin:

Wie wir wissen, gab sich Gott den damals lebenden Menschen zur Zeit des hebräischen Testaments nicht augenscheinlich erkennbar, denn Gott ist Geist *(siehe nochmals Johannesevangelium 4, Vers 24)*. Doch zur Zeit des Neuen Testaments, sowie wie bei dem Entstehen des Hebräerbriefes (ca. erstes Jahrhundert nach Christus) war Jesus Christus als „sichtbarer" Gott den Menschen erkennbar. Nun konnte man mit dem Herrn von Angesicht zu Angesicht kommunizieren, was den Menschen damals verwehrt blieb. Doch sahen die Personen, die zu der Zeit Christi lebten *nicht nur* Jesus Christus, sondern auch gleichzeitig Seinen Himmlischen Vater. Einerseits, weil Gott sich in dem Körper Seines Sohnes verwirklichte (siehe Johannesevangelium 14, Vers 9) - anderseits weil Jesus der Menschensohn war.

Ein Zwischenfazit:

Wer den Glauben im Herzen trägt und sich den Worten Gottes hingebungsvoll fügt, der braucht keine sichtbaren Beweise, dass das Wirken Gottes in diesem Gläubigen stattfindet. An diesem Menschen vollbringen diese Verwirklichungen Gottes Tag für Tag ihr gewolltes Ziel, dass diesen Menschen mit Glauben prägt:

Dieser Mensch kann nun ohne zu zweifeln behaupten, *das Glauben unmissverständlich Wissen heißt!*

Das ist die Botschaft, auf die uns diese Bibelverse aufmerksam machen wollen!

Kommen wir nun zum „fleißigsten Briefschreiber" des neuen Testaments: Zum Apostel Paulus. Insgesamt dreizehn Briefe schrieb der Apostel nieder, mit der er der Christenheit eine unsagbar große Freude des Glaubens an die Person Jesus Christus hinterließ. Diese Briefe sind derart tiefwirkend, sodass diese uns bei jedem erneuten Lesen begeistern. In dem vorliegenden Buch habe ich bereits meine Aufmerksamkeit an mehreren Stellen der Person des Paulus mit Ehre und Hochachtung bekundet, daher können wir direkt auf drei weitere Bibelstellen unser Augenmerk richten, um nur einen „kleinen Beitrag" seiner „zahlreichen" Schriften näher zu betrachten.

Denn ich werde schon als Trankopfer gesprengt, und die Zeit meines Abscheidens ist gekommen. Ich habe den guten Kampf gekämpft, ich habe den Lauf vollendet, ich habe den Glauben bewahrt; fortan liegt mir bereit die Krone der Gerechtigkeit, die der Herr, der gerechte Richter, mir zur Vergeltung geben wird an jenem Tag; nicht allein aber mir, sondern auch allen, die seine Erscheinung lieben.
(siehe der zweite Brief an Timotheus 4, Vers 6 – 8)

Anhand dieser Bibelverse erkennt der Leser, dass Paulus dem Ende seiner irdischen Existenz entgegen sah, denn als er diesen Brief verfasste, war er schon alt an Jahren. Der Apostel schreibt, dass er schon bald *…als Trankopfer gesprengt werde … und die Zeit seines Abscheidens gekommen ist (Vers 6)*. Somit vergleicht Paulus den alttestamentarischen „Brauch" des Trankopfers in Verbindung mit seinem tiefsinnigen Glauben, denn der Märtyrertod wird ihm bald bevorstehen. Generell betrachtet handelt es sich bei einem Trankopfer, sowie bei allen anderen Opfern *(siehe z.B. das vierte Buch Mose 15, Vers 24)* um eine „sinnbildliche Opferbereitschaft" zur Ehre Gottes.

Diese vier verschiedenen im hebräischen Testament erwähnten Opfer teilen sich in folgende Kategorien auf:

Das Schuldopfer - bezugnehmend auf das Sündopfer, das Brandopfer, das Friedensopfer und das Speiseopfer (siehe mehrfach erwähnt im dritten und vierten Buch Mose).

Doch weisen die alttestamentarischen, zur Ehre Gottes und gleichzeitig zur Schuldenvergebung dienenden Opfer mit ihren jeweilig eingeteilten Kategorien wiederum auf unseren Heiland Jesus Christus hin. Ihr Geltungsbereich wurde somit von den damals lebenden Menschen, anhand der individuell entstehenden Sünden auf einzelne Personen bezogenen - auf begangene Sünden, sprich: Durch das jeweilige Eigenverschulden des Einzelnen als Opfer zur Ehrerbietung Gottes anhand des „Schweregrades", entsprechend der vollbrachten Sündenintensität werden diese vier genannten Geltungsbereiche der „Opfereinteilung" zugeordnet.

Der Heiland jedoch liquidierte die Schuldenvergebungen des alttestamentarischen Brauchs, indem Er selbst zum Opfer der Menschheit wurde. Somit hat das Lamm Gottes persönlich alle verursachten Schulden der Gläubigen mit Seinem Tod getilgt.

Wenn wir nun das von Paulus genannte Trankopfer auf den *Vers 6* beziehen, so können wir erkennen, dass das Leben des Paulus bei seiner Bekehrung durch die Erscheinung Christi auf der Reise nach Damaskus *(siehe abermals Apostelgeschichte 9, Vers 1 -19)* sein ganzes Leben, ja - seine ganze Denk- und Glaubensweise in Bezug auf den Heiland positiv verwandelte. Diese stattgefundene Veränderung der Denk- und vor allem der nun christlich hingezogenen Lebens- und Glaubensweise des Paulus erlaubt ihm nun erstmals ein auf Christus bezogenes

Handlungsschema. Der Apostel legte nun den Mantel der Schande von seinem Körper ab und wurde neu eingekleidet in die Herrlichkeit und den Glanz Jesu Christi. Bezugnehmend auf diese herrliche, von Gott gewollte Bekehrung ist nun Paulus erstmals imstande, in seinem *erst ab diesem Zeitpunkt neu gegründetem Leben,* welches sich nunmehr einzig und allein auf die Person Jesus Christus bezieht - ausnahmslos bedingt *durch* die Liebe Christi - einen wahren Sinn zu entdecken. Folglich kann er nunmehr behaupten, das Trankopfer sozusagen als lebenden Beweis auf seine Person in Bezug auf Anpassung christlichen Denkens zu erwähnen.

Infolgedessen konnte Paulus sein Leben nunmehr mit einem lebendigen Opfer, welches er dem Heiland darbrachte, vergleichen. (Den Leidensweg können wir in der Apostelgeschichte sowie in den paulinischen Briefen nachlesen!). Seinem nun bevorstehenden Tod konnte der Apostel beruhigt entgegentreten, denn er hatte sich zu Jesus Christus bekehrt und die Worte des Heilands voller Glauben in seinem Herzen aufgenommen.

In den *Versen 7 und 8* betont Paulus seinen gegangen Glaubensweg, der mit Freude, aber auch mit Leid beseelt war. Diese von Paulus erbrachten Leistungen, die sich dem Leser im ersten Augenblick betont „hervorhebend" präsentieren, sind jedoch nicht als solche zu betrachten. Vielmehr rühmt sich der Apostel nicht damit, dass er diesen guten Kampf des Glaubens gekämpft hat, *sondern dass er ihn bedingt durch die Zuneigung Christi an seiner Person (durch die Gnade Christi) und die folglich von Paulus ausgehende Liebe zu Jesus kämpfen durfte.* Der Apostel hielt an seinem Glauben fest, denn er bewahrte ihn in seinem Herzen. Diese stets gepflegte, bedingt durch Glaube, Hoffnung und der resultierenden fest eingefleischten Liebe seines Herzens veranlassten den Apostel, diesen von Gott bestimmten Weg positiv beenden zu können. Auf dieses Glaubensresultat beziehend, kann Paulus nunmehr behaupten, *ohne schlechtes Gewissen vor den Richterstuhl Gottes treten zu können, um dort die Krone der Gerechtigkeit zu empfangen (siehe Offenbarung 2, Vers 10)* für den Lohn seiner christlich ausgeübten Tätigkeit, um in das Reich des Herrn eintreten zu können.

Nun gibt Paulus allen Gläubigen die Zuversicht, ebenfalls diese Krone des Lebens in Empfang nehmen zu können, wenn

…die Gläubigen mit einem aus dem Herzen entsprungen Glauben an der Liebe zu Jesus Christus stets festhalten und sich nicht beirren lassen durch irdische Beeinflussungen. Nun will Paulus uns Folgendes zu verstehen geben (der Autor spricht nun mit seinen *eigenen* Worten):

Kommt und seht wie ich als eine Art menschlichen Vorbilds durch Höhen und Tiefen gehen musste. Wie oft musste ich das von meinem Heiland mir bereits vorausgesagte Leid *(siehe Apostelgeschichte 9, Vers 16)* erdulden, um Sein für mich anvisiertes Ziel mit Seiner gnadenreichen Hilfe erreichen zu können? Haben mich etwa die Nichtgläubigen beeinflussen können? Habe ich nicht stets nach den Worten der Heiligen Schrift gehandelt, und meinen Widersachern mit der Wahrheit Christi aufgeklärt? Habe ich nicht das erfüllt, was in den Augen Gottes gut war?

So seid nun niemals im Zweifel an den gnadenbringen Worten des Herrn, die euch stets das Leben bereichern, sondern seit gewillt auch in schweren Zeiten an der Liebe zu Jesus Christus unausweichlich festzuhalten - mit einem festem Glauben.

Denkt an unseren Heiland, durch welche Qualen Er hindurch gehen musste, um euch in das Ewige Leben holen zu können! Seit alle Zeit wachsam und vertraut auf den Herrn, denn Er wird es euch wohl machen!

Zum Abschluss ein Psalm von David

Um zum Abschluss dieses Buches zu kommen, möchte ich Sie, liebe Leser mit einem mir persönlich sehr nah am Herzen liegenden Psalm des David beglücken. Dieser Psalm drückt nicht nur die Liebe zu Gott aus, sondern er beschreibt vielmehr, das immer währende Glück, welches im Glauben an Gott in stetiger Anwesenheit ruht; im Hier und Jetzt, sowie in aller Ewigkeit, um an dem größten Geschenk Gottes - Jesus Christus für alle Zeit festzuhalten.

So werden sich freuen alle, die zu dir Zuflucht nehmen: Ewig werden sie jubeln, und du wirst sie beschirmen; und in dir werden frohlocken, die deinen Namen lieben
(siehe Psalm 5, Vers 12)

Möge dieses unabdingbare Glück auch stets im Vordergrund Ihres Lebens stehen!

Schlusswort

Alle Christen werden von Jesus dazu aufgefordert, das Evangelium hinauszutragen in die Welt. Auch mir war es reinste Freude, einen weiteren kleinen Beitrag für diese Aufgabe in Form eines Buches erbringen zu dürfen. Dank der Gnade Gottes war es mir möglich, diese Worte in dieses Buch zu verfassen, um den Lesern eine hoffentlich weitere nutzvolle Information mit auf den Lebensweg zu geben. Erfahrenen Lesern mag der Inhalt dieses Buches bereits bekannt erscheinen; noch suchenden oder gar zweifelnden Lesern wünsche ich, mit diesem Buch eine kleine Hilfestellung gegeben zu haben, um die wichtigste Person der Bibel näher kennenzulernen - um Ihn, Jesus Christus, den Vollender des Glaubens in das suchende Herz aufzunehmen und folglich verehren und lieben zu können. Das wünsche ich allen Lesern von ganzem Herzen!

Das Ziel für einen jeden christlichen Autor ist es, (und ich denke, ich spreche im Namen von Vielen!) die Gedankengänge nicht einfach für sich zu behalten, sondern preiszugeben für die Menschen unter uns, die nach *der* Wahrheit lechzen und sich nicht satt lesen können an christlicher Literatur. Jeder Gedankengang, und wenn es nur ein einzelner Satz bleibt, den wir in einem Buch gelesen haben, kann in uns Freude und Genugtuung erwecken. Dieser ist manchmal entscheidend für die dringend benötigte Umkehr eines noch Suchenden - hin zu den Worten der niedergeschriebenen Wahrheit - hin zu den Worten der Bibel - hin zu Jesus Christus.

Zahlreiche Bibliotheken sind prall gefüllt mit christlichen Büchern, doch jedes von ihnen ist nahezu einzigartig und verschieden, weil die Gedankengänge der Autoren und die Betrachtungen zum Thema Glauben differenziert ausfallen. Doch weisen sie im Grunde genommen alle auf *die* Bezugsperson, der Zentrale der Bibel - *auf Jesus Christus hin.* Von Ihm geht die Kraft der Worte Gottes aus - zu Ihm kehren alle Überlegungen an Gottes Wort zurück. An dieser Tatsache zweifelt nicht ein Einziger!

Möge Gott noch viele christliche Menschen zum Schreiben anregen! Wenn nur ein Buch den Beitrag dazu leistete, einen neuen Christen aus unserer Mitte zu formen, so ist das Ziel erreicht:

Mit den eigenen Worten die Verherrlichung Gottes hervorzuheben, um mit diesen das Herz der Leser zu ermutigen - unser aller Chance auf ein erfülltes, sinnvolles Leben in der auf Ewigkeit ruhenden Nähe Jesu Christi, einem Platz der unser Leben erstmals zur vollkommenen Zufriedenheit ausfüllt.

Jesus – das gnadenbringende Geschenk Gottes

Schon vor Beginn der Welt an, gabst Du Herr ein Geschenk, ein Retter, der die Menschen auf rechte Wege lenkt.

Zu einer Zeit der Not bald, kamst Du als Mensch, mein Gott, zu uns auf diese Erde, zu lehren uns das Wort.

Dies Wort der Wahrheit ist es, das uns bekehrt zu Dir, um ewig dran zu glauben, zu sehn die Freude hier.

Doch nicht nur hier auf Erden wird Dein Wort gut nun ruh'n, es wird niemals vergehen, es kommt uns gut zu tun.

Im Himmel gibt`s kein Kummer, noch Leid noch Trost, noch Weh, dort gibt es nur noch Freude,

an Deinem heil'gen Ort. Die Auserwählten Christi, sie bleiben nunmehr dort.

In einem Reich der Wohltat im Himmel droben hier, dort wird nun stets gelobet Dein Name Christus Dir. Gott war der edle Spender, der Seinen Sohn uns gab,

zu retten die Verlor'nen in einer Wundertat. Nun sind sie all zusammen,

Dein Wille ist gescheh'n. Nun wird jeder im Himmel Dein Geschenk, Gott - Christus sehn!

Patrick Rompf hat folgende Bücher beim BoD - Verlag veröffentlicht:

Ein neues Leben –
Depressionen mit himmlischem Vertrauen bewältigen
ISBN: 978 – 3 – 7322 – 3437 - 0

Glaube der zum Leben führt
ISBN: 978 – 3 – 7322 – 4252 - 8